挫折教育全集

——逆商（AQ）决定孩子的命运

宋天天◎编著

北京工业大学出版社

图书在版编目（CIP）数据

挫折教育全集：逆商（AQ）决定孩子的命运/ 宋天天编著. —北京：北京工业大学出版社，2014.12
ISBN 978-7-5639-4158-2

Ⅰ.①挫…　Ⅱ.①宋…　Ⅲ.①儿童教育-挫折教育
Ⅳ.①G61

中国版本图书馆CIP数据核字(2014)第266242号

挫折教育全集　——逆商（AQ）决定孩子的命运

编　　著： 宋天天
责任编辑： 茹文霞
封面设计： 雨泽
出版发行： 北京工业大学出版社
（北京市朝阳区平乐园100号　邮编：100124）
010-67391722（传真）　bgdcbs@sina.com
出 版 人： 郝　勇
经销单位： 全国各地新华书店
承印单位： 北京天正元印务有限公司
开　　本： 787 毫米×1092 毫米　1/16
印　　张： 18
字　　数： 243千字
版　　次： 2015年 1 月第 1 版
印　　次： 2015年 1 月第 1 次印刷
标准书号： ISBN 978-7-5639-4158-2
定　　价： 29.80元

前　言

在非洲大草原的奥兰治河两岸，生活着许多羚羊。动物学家们在观察的过程中，发现了一个奇怪的现象：东岸的羚羊不仅奔跑速度比西岸的羚羊快，而且繁殖能力也比西岸的羚羊强。

为了研究两岸羚羊的不同之处，动物学家们在两岸各捕捉了10只羚羊，然后把它们分别送到对岸。

一年后，由东岸送到西岸的羚羊繁殖到了14只，而由西岸送到东岸的羚羊则只剩下3只。为什么在相同的生存环境下，却会有如此大的不同呢？动物学家们百思不得其解。经过一系列的观察，动物学家们终于找到了答案。

原来，河流东岸不仅生活着羚羊，还生活着一群狼。为了不被狼吃掉，东岸的羚羊不得不每天练习奔跑，使自己强健起来。而西岸的羚羊因为没有狼群的威胁，过着安逸的生活，结果奔跑能力不断降低，体质也不断下降，当遇到狼群时，当然也就难以脱离危险了。

这个故事告诉我们，生活在安逸环境中的人往往过于脆弱，只有不断经受困难和挫折的人，才能磨炼出坚强的意志力，也才能拥有强大的生存能力。

孩子的成长道路不可能是一帆风顺的，总会遇到这样那样的挫折。父母再爱孩子，也不可能代替孩子去成长，有很多的挫折和困难始终要孩子独立去面对。缺乏生活磨炼，缺少挫折体验的孩子是脆弱的，就像逐渐失去奔跑能力的西岸羚羊一样。只有经历各种挫折和磨难，孩子才会变得勇敢和坚强，才能成为未来的强者。

在智商、情商被人们重视之后，逆商（AQ）也越来越受到人们的重视了。逆商是指人们面对逆境时的反应方式，即面对挫折、摆脱困境和超越困难的能力，是一种不败于任何逆境的生活态度和思考方式。逆商应用于家庭教育，即是我们常说的“挫折教育”。现在孩子缺少的不是智商教育和情商教育，而是挫折教育。研究表明，逆商比情商、智商更能决定孩子的命运。一般而言，孩子之间的智商和情商的高低差别不大，而逆商的差别却很大，这直接决定了孩子将来的成败。所以，教育专家认为，家庭教育的重点应该是挫折教育。

美国家庭教育专家芭贝拉·罗斯曾说：父母必须让孩子知道，在成长的道路上，不可能是一帆风顺的。成功往往是与艰难困苦、坎坷挫折相伴而来的。既然遭遇挫折是孩子人生必经的坎儿，与其把孩子密不透风地保护起来，倒不如尽早对孩子进行挫折教育，让孩子学会接受并积极地应对挫折，这样他才能更好地把握自己将来的命运。

父母只有充分认识到挫折教育的价值，并在日常生活中注意培养孩子的抗挫折能力，孩子在遇到挫折时，才会表现出坚强、勇敢、自信的精神，并能用自己的力量和智慧去克服人生中一个又一个困难和挫折，从而一步步地走向成熟，走向成功。

本书从挫折教育的重要性、让孩子吃点苦、提高孩子的自立能力、培养孩子的自信、让孩子变得坚强、培养孩子的乐观品质、帮助孩子克服挫折、让孩子体验成功等八个方面入手，为广大家长构建了一个立体化的挫折教育模式，以提高孩子的逆商。本书通俗易懂，理论和事例相结合，贴近孩子的生活和学习，是家长对孩子进行家庭教育的好帮手。

决定孩子将来命运的，首要的是逆商，其次才是智商与情商。现在的孩子比的不是谁聪明，而是谁的抗挫折能力强。谁的抗挫折能力强，谁就能赢在起跑线上。爱孩子，就不要让孩子生活在温室里。挫折教育才是父母给孩子最好的爱。

目　录

第一章　加强挫折教育，让孩子受益一生

第二章 让孩子吃点苦，也是一种爱

第三章 孩子自己的事，就让他自己去做

第五章　在挫折面前，让孩子变得坚强

第六章　培养孩子的乐观品质，笑对挫折

第八章 摆脱挫折，让孩子体验成功

第一章 加强挫折教育，让孩子受益一生

人的一生，充满了挫折和磨难。平庸者和成功者最大的区别，不在于情商和智商的差异，而在于逆商的高低，在于他们面对挫折和逆境时的态度。父母从小对孩子进行挫折教育，不断提高孩子的逆商，才是对孩子真正的爱——这会让孩子受益一生。

逆商比情商、智商更重要

传统的观点认为，一个人的成功主要是由他的智商来决定的，智商越高的人，越容易取得成功。然而，生活中不乏这样的例子：有的人生来就比其他人有天分，他们一出生或是有超常的智力，或是有特别的技能，可是最终，他们却没能发挥自己的优势和潜能，成了毫不出众的平庸者。

对此，美国著名情商专家丹尼尔·戈尔曼提出这样一个观点：人们除了智商之外，还有情商，也就是情感商数。一个人的情商反映了他延迟满足，抑制冲动，保持头脑清醒，有效地同他人交往等方面的能力。戈尔曼还通过几个例子有力地说明了在人的一生中，情商比智商重要得多，只是因为人们还没有充分利用情商，所以它才没能充分发挥应有的作用。

戈尔曼的观点引起了人们的广泛关注，但是他却忽视了一个现象——有些人智商高，也具备很不错的情商，然而却仍然不能发挥自己的潜能，取得成功。这是为什么呢？其实，情商和智商对人们的成功都有着重要的推动作用，但是在智商和情商相差不多的前提下，真正对一个人的成功起决定作用的是逆商（AQ）。

逆商也叫“逆境商数”，是人们面对逆境，在逆境中的成长能力的商数，逆商可以用来测量每个人面对逆境时的应变能力和适应能力的大小。逆商高的人，在面对困难时，往往表现出非凡的勇气和毅力，锲而不舍地追求自己的目标和理想；相反，那些逆商低的人，则常常畏畏缩缩、犹豫不决，做事也容易半途而废，最终只能是一事无成甚至一败涂地。

美国前总统尼克松就是一位拥有高逆商的人，正是他的高逆商，激励着他不断地向前，勇敢地战胜困难，最终走向了成功。

尼克松小的时候，常常要在家里的店铺帮忙干活儿。他每天早上四点就起床，赶着马车来回走两个小时的路程，买回新鲜的蔬菜水果，并把它们洗净、分开，然后才能去上学。假期的时候，除了帮家里干活儿，他还要到游泳馆当看门员，到鸡鸭店拔鸡鸭毛。尼克松就是在这样的磨炼中一天天地成长的。

1934年，尼克松考进杜克大学。学校的条件很艰苦，宿舍是一间小木屋，四人合睡两张铁架床，冬天天冷的时候就靠烧废纸取暖。为了省钱，尼克松每天早上都舍不得吃早饭，只是吃一块糖应付。为了改善自己的生活状况，他不得不在学校找了些事情做。

毕业后紧接而来的就是找工作，成绩名列前茅的他此时并未得到命运之神的眷顾。在纽约，他四处碰壁，只好回到了惠蒂尔老家当律师。为了获得州律师资格，他花了六个星期准备，学习那些他从未学过的东西。几经波折，他终于获得了录取通知书。

可是，尼克松的日子并没有就此一帆风顺，反而充满了更多的挫折。1960年，他参加了总统竞选，却遭到了令他遗憾终生的惨败，因为竞选双方的选票是有史以来最接近的一次。两年后，他参加了加州州长的竞选，又一次遭受了惨败。

尼克松并未因此而气馁，他挂牌开张当律师，加强对金融界和企业界的了解；几次亲赴越南了解局势，并撰稿发表自己对内外政策的看法……就这样，8年后，尼克松又走上了总统的竞选台。这一次，经过充分准备的尼克松终于获得了成功，他充满信心地登上了总统的宝座。

尼克松之所以能成功，就在于他即使身处绝境，依然拥有坚持不轻易放弃的品质，在逆境中他仍然会穿过重重乌云，看到阳光，看见希望，找准方向，不断地努力和奋斗。

人的一生，会遇到诸多挫折和磨难，有的人之所以成功，有的人之所以失败，关键不在于情商和智商的高低，而在于逆商的高低。具有高逆商的人，能够在任何情况下都秉承自己的信念，坚持不懈，直到成功为止；而低逆商的人则没有这种坚持到底的勇气与毅力，自然也就不能充分激发内心的潜能，不能充分发挥自己的才能和优势了。

正如心理学家卡尔文 · 吉利所说："什么东西也不能代替毅力。才能不能，有才能而不成功的人随处可见；天才不能，没有成就的天才比比皆是；教育也不能，这世上到处都是受过教育而无所事事的人。缺乏逆境生存能力，即使你是天才，即使你具备再高的情商，也一样不会成功。"

教子心经

孩子在成长的过程中，不可避免地要遭遇挫折，陷入逆境。逆商比情商、智商更重要，逆商直接决定着孩子将来的成败。只有不断提高孩子的耐挫力，培养孩子坚强的毅力，孩子在身陷逆境时，才能保持乐观和清醒，才能充分激发自己的信心和潜能，勇敢地战胜一个又一个的困难，最终走向成功。

孩子最缺乏的是挫折教育

在一所中学里，有位记者采访了一个叫明明的学生。记者问他："你平常洗袜子吗？"明明回答："不洗。""那平时都是谁给你洗的？"记者问道。"妈妈给我洗。"明明满不在乎地回答。"如果妈妈不在家呢？"记者追问道。"那只有请爸爸来洗了。"明明说。

记者于是接着问道："如果爸妈都很忙，没有时间给你洗呢？"明明有些不耐烦地回答："那就放着，等他们有时间再洗。"

记者问了最后一个问题："那以后你长大了，谁给你洗呢？"明明很坦然地回答说："长大了请保姆呀！"

吃苦耐劳一直都是我们中华民族的传统美德，可如今，不少孩子根本不愿意吃苦，也吃不了苦。不少父母太心疼孩子，在孩子的成长过程中，宁可自已吃千般苦，也不让孩子受一丁点儿累。生活上，父母事事包办代替，于是孩子从小便养成了"衣来伸手、饭来张口"的不良习惯，缺少生活自理能力，还形成了事事以自我为中心的不良性格。

儿童心理学家研究指出，让孩子长期处于安全环境下，孩子的独立性及智力的发展会日渐迟缓。例如，当孩子初学走路时，对周围环境中所有的东西都充满极大的兴趣，经常不知深浅地去接触种种可能对他造成伤害的东西，如火炉、暖壶、刀具等。父母怕孩子受伤，根本不让孩子接触这类东西，结果孩子长到了五六岁也不知道如何回避这些东西，动辄便被火炉或开水烫伤，或被刀割伤。

专家指出，如果在孩子最初探索周围环境时，在保证安全的前提下，让孩子对各种东西的属性和功能有一定的了解，如了解火或开水会把人烧痛或烫伤；刀很锋利，易把人割伤等，那么，孩子有了一定的经验，就会自觉地回避那些可能造成伤害的东西了。

可见，要提高孩子的生活能力，让孩子学会自我保护，最好的方法就是让孩子去接触生活，去经受磨炼。孩子只有学会了独立，才能更好地照顾自己。

除了生活上的过度保护，家长对孩子的溺爱还表现在，许多家长都愿意帮助孩子取得成功，害怕孩子失败，一看到孩子遇到挫折和困难就沉不住气，急于伸手帮忙。时间长了，孩子就会养成严重的依赖心理，遇到挫折和困难就退缩，不会自主地解决问题。一旦需要独立面对挫折时，孩子就会充满担心和恐惧，完全无法应对。

瑞瑞是家里的独生女，平时父母无微不至地关心她，爷爷奶奶更是视她为掌上明珠。只要是瑞瑞想要的东西，父母都会尽量地满足。瑞瑞也很争气，整个小学阶段，每次考试都是年级前三名，亲戚朋友都夸瑞瑞是个好孩子。小学毕业后，她顺利考入了一所理想的重点中学。

可是入学以后，瑞瑞却觉得越来越失落，自己原来的优越感一下子全没了。身边的同学都是那样优秀，课堂上，瑞瑞回答不出来的问题，总有那么多的同学似乎不假思索就能说出答案，老师的目光在瑞瑞身上停留的时间也越来越少了；开学不到一个月要确定班干部，结果名单里也没有了瑞瑞；语文课上，好不容易争取到了回答问题的机会，结果竟然答错了……这一切都给瑞瑞带来了巨大的心理压力，她开始怀疑自己，整天沉浸在自卑和痛苦中，根本没办法集中注意力学习，甚至开始失眠，学习成绩也因此一落千丈。

因为长期生活在顺境之中，没有经历过什么挫折，所以，随便一点儿小事都会让瑞瑞无法承受。

某高校曾经在开学后的9天里，发生了4起跳楼自杀事件：开学第一天，该校统计学院一名本科大一学生，由于学习成绩不理想，想退学打工供两个弟弟读书，遭到家里反对后，不堪压力选择轻生；第二天，一名30余岁的单身女职工，因为工作、婚姻不顺利而跳楼自杀；四天后的凌晨，一名研三的女学生从9楼坠楼身亡，自杀的原因是面临毕业，所学专业就业前景不好，没办法面对现实；没过几天，另一名研三的女学生也从9楼坠楼身亡。

我们在扼腕叹息的同时，不得不思考这样一个问题：这些象牙塔里的本科生和研究生们，为何如此弱不禁风呢？除去个人心理脆弱、性格偏激外，挫折教育的缺乏是他们心理承受能力差的主要原因。缺乏挫折体验，孩子们的心理承受能力越来越差，甚至受不了一点儿批评和指责，一点儿小事都能让他们走到崩溃的边缘。

要想让孩子在充满竞争的社会中立足，父母就必须重视对孩子的挫折教育。因为，孩子要最终实现自己的理想，除了天赋和勤奋，还需要有一种经受得住挫折和磨难的韧性。父母要教会孩子敢于直面挫折，不怕失败，跌倒了自己爬起来，敢于接受艰难困苦的磨炼。只有这样，才能不断提高孩子的心理承受能力，让孩子自信乐观地成长。

教子心经

现在不少孩子都表现出独立性差、害怕困难、承受挫折的心理能力差等特点，这些性格特点对孩子的成长是极为不利的。因此，父母一定要及早对孩子进行挫折教育，放手让孩子独立面对生活的各个方面，从小培养孩子顽强的意志力、忍耐力，以及坚韧不拔、不屈不挠的精神。只有这样，孩子才能成长为生活的强者。

挫折教育是孩子的成功基石

有一个种西瓜的高手，他种出来的西瓜不仅个大味甜，而且瓜地里每棵秧上的西瓜数量、大小和生长的位置都基本相同，远远看去排列整齐，就像他领导的一支军队在时刻等待听候他的命令似的。人们问他：“为什么你种的西瓜这么好？”他平静地说：“也没什么，就是管理要跟上去，抓住一个最重要的环节——‘打叉掐尖’。不打叉不掐尖，瓜秧就会疯长，营养都被瓜秧吸收了，满地都是瓜秧就是不长西瓜。”

“打叉掐尖”对瓜秧来说是痛苦的，可只有完成这次痛苦的修整，它才可能有丰收的可能。这就像是人生，总要经历痛苦和磨难，才可能获得成功和幸福。

美国阿拉斯加国家动物园的鹿苑里，鹿群因不必为觅食而发愁，也不必为逃避敌害而穷于奔跑，因而很快地繁殖起来。然而在一度兴旺之后，病弱残疾者与日俱增，最后竟出现了濒临绝种的危机。当地政府曾不惜斥巨资予以挽救，可惜一概无效。后来一位聪明的管理人员建议，把几只凶残的恶狼引进鹿苑，许多病弱的鹿被捕杀了。几年后，鹿的数量不但没有减少，反而大大增加了。狼捕食了病弱者，又迫使鹿群为逃避狼害而重新拼命奔跑，从而使得留下来的鹿群体质日益健壮。人们把这种特殊的保护称为“逆关怀”。

美国一位著名的儿童心理卫生专家说过：“有着幸福童年的人，往往就会有不幸的成年。”太顺利的幼年成长经历和舒适的生活环境，容易让孩子养成骄纵懒惰的性格，不利于孩子的健康成长和成才，长大后孩子更会因不适应复杂多变的社会而痛苦不堪。

孩子在成长的过程中，总会遇到各种各样的困难和挑战，而父母不可能永远陪在孩子身边，孩子才是自己最好的保护神。父母与其把孩子保护起来，不如放手让孩子去体验，去经受生活的磨炼。孩子在不断地尝试中，才能练就面对挫折的勇气，积累解决问题的智慧，才能取得成功。

有一位打鱼能手，远近闻名。他有一个儿子，他一直希望儿子能继承自己的事业，所以从儿子懂事开始，他就不厌其烦地把自己积累的经验都传授给儿子。可是儿子一直长到二十岁，仍然对打鱼的事一知半解。万般无奈下，他找到一位智者。智者问他：“你是不是把所有的经验都教给了他？”他回答说：“是的。”智者说：“你只把经验教给了他，他没有失败的体验，当然不会知道这些经验的宝贵。”打鱼能手豁然开朗。这回他改变了方法，让孩子自己打鱼，不再告诉他怎么操作，只是当他遇到难题来询问时才告诉他解决的技巧。这之后孩子的打鱼技能有了很大的进步，后来的成就甚至超过了他的父亲。

著名心理学家马斯洛说：“挫折对孩子来说未必是件坏事，关键在于他对待挫折的态度。”今天我们倡导对孩子实施挫折教育，其实就是让孩子能够亲自体验生活的酸甜苦辣，使他不仅能在生活中得到快乐，而且也能在挫折中勇敢地站起来，战胜困难，努力实现自己的目标。这样，孩子在挫折面前才能泰然自若，始终保持一颗积极乐观的心。心态决定命运，积极乐观的心态，是孩子取得成功的重要条件。

挫折教育是触及心灵的体验过程，是对事物内部规律的再认识。经受挫折的过程，就是孩子学习的过程、形成能力的过程、成长的过程。挫折教育是人生的必修课，是孩子的成功基石，涉及的程度越深，孩子将来的心理品质就越稳定，孩子也就越容易取得成功。

教子心经

孩子只有经历各种各样的逆境和挫折，才能一步步走向成功。挫折教育是孩子成功的基石，只有从小对孩子进行挫折教育，让孩子认识到挫折是人生的常态，孩子才能乐观地面对挫折，勇敢地迎接挑战，积极地寻求解决问题的途径和方法，才能战胜挫折，走进顺境。

挫折教育有益于孩子的健康成长

有人说：“一个孩子从小承受挫折的能力有多强，他日后成功的机会就有多大。”这句话很有道理。孩子逆商的高低，很大程度上决定着孩子能否健康成长，能否一步步实现自己的目标，能否最终实现自己的理想。

要提高孩子的逆商，就要对孩子进行挫折教育。对孩子进行挫折教育，不仅是放手让孩子经历挫折，还要教给孩子一些应对挫折的方法，适时给逆境中的孩子一些鼓励、支持和引导，让他们变得勇敢和坚强。从孩子健康成长的角度看，挫折教育是一种需要。挫折教育能促进孩子的健康成长，具体来说，表现在以下几个方面。

1.挫折教育能增强孩子的自理、自立能力

孩子们喜欢独立的感觉，小的时候，他们希望自己拿奶瓶、勺子和小碗；再大一些时，他们想自己穿鞋、夹菜，就像爸爸妈妈那样。由于年龄和经验的限制，孩子刚开始做这些事情的时候，肯定不会那么顺利，这对孩子来说，就是挫折。这时候对孩子进行挫折教育，就是要求父母允许孩子去尝试这些事情，多鼓励孩子，教给孩子做事的方法，而不是举手代劳。比如，孩子的纽扣系错了，毛衣穿反了，父母不要立刻说“我来帮你”，父母可以让孩子去照照镜子，让孩子自己去发现。

父母也不要轻易拒绝孩子的请求，不要随便对孩子说“这你还做不了”，更不应该总给孩子这样一种暗示——“你做什么事情都是笨手笨脚的”，父母要多给孩子一些成长的机会，让他们去发现自己的能力，去尝试新的东西。逐渐地，孩子就能学会很多事情，就能慢慢自立，很好地照顾自己。

2.挫折教育能增强孩子的意志力

挫折如同一把双刃剑，它既可以激发一个人的无限潜能，也可以扼杀一个人的所有激情，关键是看我们握住的是刀刃还是刀柄。对孩子进行挫折教育，就是要教会孩子勇敢地面对各种困难，在逆境中不断磨砺自己的意志力，坚持不懈地朝着目标迈进。

心理学家把轻度的挫折比作孩子的“精神补品”，因为孩子每战胜一次挫折，都会强化他自身的力量，增强他的意志力，为他下一次应对挫折提供“精神力量”。

3.挫折教育能让孩子体会到荣誉感

如果孩子学会了把挫折看成挑战，而不是当作放弃的借口，他们就会慢慢形成坚持和执着的意志品质。这也是对孩子进行挫折教育的一个重要目的。换句话说，当挫折出现的时候，如果父母能成功地让孩子充满自信地说

“来吧，困难，我一定把你搞定”，那么，挫折对孩子来说，也就变成一份不可多得的礼物了。

当孩子以这样的心态去面对挫折时，他就会有一种像运动员、像战士一样的荣誉感。而且，每当孩子成功地解决一个问题后，他就会获得一种成就感和满足感。

4.挫折教育能帮助孩子认识和发现错误

如果不对孩子进行挫折教育，当孩子遭遇挫折时，他就会感到迷茫、恐慌和无助。挫折教育的一个重要内容，是引导孩子分析挫折产生的主客观原因，并引导孩子从挫折中总结经验和教训。只有通过思考和分析，孩子才能认识和发现错误，也才能采取行动加以改正和解决。

教子心经

在孩子的成长过程中，不经历挫折和失败是不可能的。所以，越是备受父母呵护的孩子，长大后的生活应变能力就会越差，从小无微不至的呵护，反倒可能成为孩子未来发展的隐患。对此，专家指出，适当的挫折教育有益于孩子的健康成长。父母在对孩子进行挫折教育的过程中，要重在培养孩子积极的心态以及坚强的意志品质，这些都是孩子将来取得成功的重要条件。

困境能激发孩子的无限潜能

专家指出，人的潜能能否被激活，与他有没有压力有着直接的关系。有压力时，外力容易激发人的内在潜能，迫使人们为了求得基本的生存和发展去奋斗；而优越的环境往往会使人失去外在的压力，进而失去激发潜能的内在动力。高逆商的人，往往能把挫折当作人生的助推器，从中获得动力，不断激发自身的潜能，从而获得真正意义上的成功。

曾任美国总统的詹姆士·艾伯拉姆·加菲尔德，出生在一个贫穷的家庭，父亲在他出生后18个月就去世了，母亲带着他艰难地度日。为了给母亲分忧，小小年纪的加菲尔德就学会了劈材，并在森林中开垦出一片荒地。除了干活以外，他把每一分钟都用来学习他借来的书本，借以增加自己的知识和能力。

生活的艰辛让他迅速地成长起来，16岁的时候，他已经像一个成年人一样，能做很多事情。于是，母亲帮他在一个学校找到了一份擦洗地板和打铃的差事，所得的报酬正好够他的学习费用。

为了生活和学习，他不得不省吃俭用，第一个学期，他只花费了17美元。但尽管如此，到下一学期开学时，他的口袋里还是只剩下了6个便士。

加菲尔德却并没有因此感到沮丧，他甚至把这笔小小的财产也投进了教堂的捐献箱中。他只是在心里对自己说："这没什么大不了！我相信我完全可以应付！"他很快在一个木匠那里找到了新的工作，每个晚上以及周末，他都要为木匠刨木板、清洗工具、管理灯火等，每周的工资是1美元6美分。

刚开始的时候，他做得并不顺手，可是他却一如既往地乐观，很愿意花时间来研究和练习。终于，在工作后的第一个周六，他一口气刨好了51块木板，老板很吃惊，也很欣赏他的坚强和勤奋，便额外给了他1美元2美分的奖励。一个学期下来，他不仅自己付清了所有的学习费用，还有了3美元的结余。

同年冬天，他又找到了一份家庭教师的工作，月薪是12美元，如果时间充足，他还会继续帮那个木匠刨木板。第二年春天的时候，他居然积攒了整整48美元，在新学期，他每个月的生活费用也因此提高了。

因为勤奋好学，加菲尔德很快完成了学业，并以优异的成绩进入了威廉斯学院。两年后，他以同样优异的成绩从学院毕业。在26岁那年，他成功地进入了州议会。33岁时，他已经成为当时最年轻的国会议员。而27年之后，出身贫寒、一度生活困窘的他，走进了白宫，成了美国总统。

无数的挫折和困境，不仅没有让加菲尔德颓废和绝望，反而激起了他的斗志，激发了他的无限潜能，让他得以发展自己各方面的能力，不断地实现自我超越。

在日常生活中，人总有一种潜能难以被激发，这种潜能只有在一些特殊的情况下才会被激发，这和医学上抗原和抗体的产生是同样的道理。孩子的抗挫力也是如此。

如果孩子小时候没有经历过挫折和失败，那么长大后面对挫折时，他就会不知所措，甚至灰心绝望，从此一蹶不振。而在小时候就经历过失败打击的孩子，长大后面对失败时，他就能够以健康的心态去对待，并利用以前积累的正确做法和经验去积极寻求转败为胜的方法。对孩子进行挫折教育，让孩子去体验挫折，孩子才能在不断战胜挫折的过程中，积极地思考和行动，激发出无限的潜能。

一位父亲带着6岁的儿子去郊游，父亲钓鱼，儿子则在一旁玩耍。在离湖边不远的地方，有一个很深的大坑。儿子很好奇，于是便偷偷摸索着下到坑里玩耍。玩了一阵子后他才发现，大坑离地面很高，下来容易上去难。于是他不得不求助正在钓鱼的父亲："爸爸，爸爸，帮帮我，我上不去了！"

但他并没有得到回应。他知道，父亲正在距离他不远的地方钓鱼，一定能听到他的求助，只是他没有想到的是，父亲会对自己的求助置之不理。于是，他的第一个反应就是愤怒。他开始直呼父亲的名字，并骂父亲是“坏蛋”。可是不管他怎么骂，父亲都没有一点儿回应。

这时，天渐渐黑了下来，出于恐惧和无助，儿子大声地哭了起来，边哭边喊，嗓子都有些沙哑了。可是，他得到的反应还是沉默。

之后，他不得不自己想办法了。他在坑里转来转去，寻找可以上去的地方。终于，他发现在坑的另一面，有几棵可以用于攀缘的小树。他高兴极了，尝试了好几次，终于艰难地爬了上来。

他发现父亲还在那里叼着烟卷，悠闲地一动不动地钓着他的鱼。此时此刻，儿子已经忘记了之前的委屈和气愤，满心都是骄傲和欢喜。他径直走到父亲身边，自豪地对父亲说：“老爸，我是自己上来的！”

如果父亲在儿子刚开始呼叫的时候，就出手相助，儿子就不可能深刻地认识到自己的错误，不仅不能从中吸取到教训，更不可能通过自己的力量爬上来。

当孩子陷入困境时，父母不要急着干预，而应该把挫折和难题还给孩子，让孩子自己想办法解决。如果问题很棘手，父母就应该及时地给孩子关心和鼓励，给孩子适当的引导，以增强孩子的信心。只有这样，孩子才能积极地思考和行动，才能激发出超乎想象的潜能。

教子心经

歌德曾说：“人的潜能就像一种强大的动力，有时候它爆发出来的能量，会让所有的人大吃一惊。”让孩子去经历挫折，引导孩子把挫折当作成长和进步的阶梯，孩子就能满怀信心地去迎接挑战，并不断激发出自身的潜能，顺利地解决问题。

让孩子直面挫折，增强社会适应能力

德国著名教育家第斯多惠曾说：“孩子总有一天要去更广阔的天地闯荡。我们无法永远保护孩子，但是我们可以教给他认识生活和社会的能力，教会他怎样保护自己。”教会孩子直面挫折，能让孩子变得勇敢和成熟，经过挫折锤炼而成长起来的孩子，才更有社会竞争力，才能更好地适应社会的发展和需要。

曾任印度总理的甘地夫人，是一位非常出色的女性。她不仅是一位出色的领袖，为印度的发展做出了杰出贡献，她还是一位优秀的母亲，在教育孩子方面有着独到的见解。

甘地夫人认为：“生活中有幸福，也有坎坷。教育的目的就是培养孩子健全的个性，使他们以后能够从容不迫地适应生活中的各种变化。”在她看来，作为母亲，她最大的责任就在于必须帮助孩子变得坚强，让孩子拥有克服困难的勇气和毅力。只有这样，将来孩子才能适应社会，才能有所作为。

大儿子拉吉夫12岁那年，因为生病不得不进行手术治疗。拉吉夫心里充满了紧张和恐惧，医生为了安抚他，决定对他说一些“善意的谎言”，“孩子，手术并不痛苦，你不用感到害怕，你很快就能好起来的！”

可是，甘地夫人却并不赞同医生的做法，她认为，孩子已经懂事了，他有权知道真相，也应该鼓起勇气去直面挫折。所以，她来到儿子的床边，平静地告诉他：“儿子，我不得不告诉你，你的病需要做手术，而且手术后有几天会很痛苦。但是，谁也不能代替你受苦，哭泣或者叫苦都不能减轻你的痛苦，甚至可能还会引起头疼，所以你必须要有精神上的准备。妈妈相信你可以勇敢地克服！”妈妈的鼓励给了拉吉夫很大的勇气和信心，手术后，拉吉夫没有哭，也没有叫苦，而是勇敢地承受了这一切。

当孩子身处逆境时，不回避现实，而是清楚地告诉孩子他要经历什么样的痛苦，并尽可能地鼓励他，让他在做好心理准备的同时，积蓄起直面挫折的勇气和力量，才是父母最明智的选择。这样的教育理念，才能让孩子养成乐观坚强的性格，孩子在遭遇困境时，才不会逃避现实，而是勇敢地承担。

美国洛克菲勒集团创始人老约翰只有一个儿子，他在儿子很小的时候，就很注重对儿子进行挫折教育。有一次，他张开双臂，叫儿子跨越椅子跳到怀里来，小约翰听到父亲呼唤，高兴地冲过来。但老约翰却迅速地把双臂移开，小约翰重重地摔在地上。对着发怔的儿子，老约翰意味深长地告诫道：“在生活的道路上，什么都会发生。”

我们暂且不论老约翰的做法是否过分，但是他告诉儿子的道理，却是每一个家长都应该教给孩子的——生活不是一帆风顺的，总会有意想不到的挫折和磨难。

在女儿的18岁成人典礼上，著名导演冯小刚被邀请作为学生家长代表上台发言。他的讲话并不长，中心只有一个，就是告诉孩子们要做好心理准备，面对生活的真实，在独立处理问题中成长。

他这样说道：“亲爱的女儿，现在你要开始接触到真正的人生了。生活有时候并不像你想象的那么公平，世界上没有完美的事物，你爱的人也许不爱你。这所有的一切，单纯如你，会了解接受吗？来之前我想了很久，但想想又释然，聪慧如你，自会慢慢了解如何应付。

“亲爱的女儿，我想告诉你，无论是你欢乐还是你流泪，任何时候你回头，爸爸就在你身后，微笑着看着你。不要害怕失败，不要担心跌倒，爸爸会扶你起来。只是爸爸不再牵着你的手领着你走了，只会在你身后，默默看着你。人生道路且长，需要你自己一步一步摸索前行。”

最后，冯小刚还特别强调：“学着面对一切真实，接受一些不完美，承担一些责任，自己做一些决定。孩子们，18岁的你们，是时候了。”

冯小刚的致辞赢得了孩子、家长、老师们的掌声。他特别郑重地告诉家长们：“千万别蒙孩子，一定要把这个世界的真实情况告诉他们，这个世界还有多少不公平，还有多少光明的对立面。”

不得不说，冯小刚是一位诚实而有远见的父亲。孩子人生的路很长，父母不可能陪伴孩子一辈子，不可能永远让孩子活在自己搭建的“温室”里。因此，父母非常有必要告诉孩子一个真实的世界，让孩子逐步了解社会的同时，鼓励孩子直面成长中的困难和挫折，不断提高孩子适应社会的能力。

教子心经

挫折对孩子的教育往往比经验更深刻，因为他会体会到失败的痛苦，并在痛苦中反省自己。孩子只有学会直面挫折，才能坚强起来，他的能力才能得到更好的锻炼。不回避现实，鼓励孩子勇敢地面对现实，才是提高孩子适应能力的最好方法。

因材施教地对孩子进行挫折教育

一位教育家曾做过这样的类比：“栽花的人，先要懂得栽花的方法，花才能栽得好；养蜂的人，先要懂得养蜂的方法，蜂才能养得好；育蚕的人，先要懂得育蚕的方法，蚕才能养得好……养孩子的人，也应该如此。”对孩子进行挫折教育，也要有正确的教育方法。

由于性格和成长环境的不同，当遇到挫折时，孩子的心态和行为反应也会有很大的差异。因此，要想对孩子进行成功的挫折教育，父母就要充分了解孩子，因材施教，采用不同的方法来教育孩子。

1.争强好胜的孩子

争强好胜的孩子，有着较强的竞争意识，对于胜负比较执着。他们会比一般的孩子更积极地去争取自己想要的，但如果现实与预期的结果有差距时，他们往往比其他的孩子更难接受失败。

秀秀今年7岁了，是同学们推选出来的班长。在班里，秀秀不仅学习成绩好，在各种游戏和活动中，她也常常能够领先。六一儿童节的时候，秀秀决定参加诗歌朗诵比赛，爸爸妈妈都很支持她。比赛前，秀秀很用心地准备，她心想：“我一定要拿第一名！”比赛那天，秀秀的表现确实很出色，甚至一点儿也不逊于高年级的同学，她的分数也因此一直遥遥领先，所有人都觉得她一定能拿第一了。没想到，最后一位叫马超的小朋友，表现得更出色，一下子吸引了所有人的目光。最终，秀秀以4分之差没能拿到第一，她伤心极了。领完奖后，秀秀就当着同学的面把奖状撕了，并且在以后的很长一段时间，她都不愿意和马超说话。

通常，争强好胜型的孩子，在集体中会有非常出色的表现，对掌声也有着特殊的渴望，并且乐于尝试不同的事物。这对孩子的成长来说，是一件好事。但是，如果父母不能及时地对孩子加以引导，孩子就不能以正确的心态来看待竞争，一旦失败了，他的挫败感就会很强烈，从而影响到孩子的健康成长。

对于这样的孩子，父母就应该在他的成长过程中，适度地给他一些小挫折，不要让他认为生活就该永远一帆风顺。例如，和孩子下棋时，不要故意输给孩子，并以此教育他，输了也要轻松面对，输赢只是一时的，胜利并不是唯一的结果。另外，对这样的孩子，父母一定要注意调整自己的期望值，不要对孩子期望过高，否则会给孩子带来巨大的心理压力，甚至使孩子惧怕失败，不敢接受失败。

2.闷不吭声的孩子

妈妈发现，点点最近的情绪有些不正常。以前，每天回家点点都会开心地讲学校发生的事，可是现在，放学回到家，他总是打声招呼就闷头回房间了。妈妈问起学校的事，他也只是随便敷衍两句，不愿意多说。妈妈和点点的班主任联系后，才知道是怎么回事。原来，新学期开学后，点点的数学成绩呈现出下降的趋势，尽管老师跟他说这是正常的，可是他的情绪还是受到了影响。班主任说，点点曾经告诉他，觉得自己这样的表现很对不起父母，他觉得父母一定很失望，他甚至害怕见到父母。

遭遇挫折打击后，闷不吭声的孩子，大多属于内归因型的性格。他们习惯把挫折和失败的原因都归结到自己身上，并常常因此而内疚、自责。

对于这样的孩子，家长要多给孩子一些关注，及时地察觉到孩子情绪的变化。当孩子遇到挫折时，父母应该在一旁给予支持和适度地加以引导，帮助他们正确分析挫折产生的原因，并找到改善和解决的方法，帮助他们重新建立自信。

3.害羞胆怯的孩子

害羞胆怯的孩子，对挫折的承受能力相对较弱。他们在遇到一连串的挫折时，往往会选择逃避，甚至在还没有尝试前，就开始打退堂鼓。他们往往会认为，自己的表现一定会很糟，没有人会喜欢他的胆小等。

观察这类孩子后，我们会发现，他们之所以会养成这样的性格，多来自于父母的保护过度。由于父母的过度关心，使他们每当要尝试新事物的时候，总是过早地被切断了探索的渠道。结果，孩子再遇到困难时，便会封闭自己，以保护自己免受外界的伤害。

其实，对于这些孩子而言，他们的挫折并非来自于失败，而是来自于陌生。所以，为了赋予孩子信心，父母就要多给孩子一些温柔的鼓励。父母可以利用生活中的小事，来增加孩子的成功经验，或是鼓励孩子多和大家一起做游戏，在游戏的过程中，使他了解到自己与别的小朋友并没有不同，进而打开心扉，融入快乐的集体生活中。

4.争相推过的孩子

争相推过型的孩子一般有着较强的学习能力。当失败时，他们喜欢把责任推到别人的身上，以免于受到老师或家长的责怪，而不去努力寻求解决问题的方法，他们普遍缺乏正面思考能力和责任心。

这种类型的孩子，都有着为自己辩解的坏习惯，总会为自己的行为找出种种借口和理由，所以对他们来说，光是“言教”是不够的。家长面对这类孩子时，可按照他们的解释，去除他们所说的一些干扰因素，重新演练一次，以证明他们是错误的。

对于此类孩子，父母应该重视培养他们的责任感，让孩子自己承担做错事情的责任和后果。这样一来，孩子就会明白自己做错了事情，受苦的只能是自己，从而学会认真地做事。

教子心经

不同的孩子面对挫折时的反应是不同的，所以，同一套处理模式，不见得适用于每个孩子。要想对孩子进行成功的挫折教育，因材施教才是关键。父母在对孩子进行挫折教育时，一定要用心地观察孩子，针对孩子的不同个性，及时、适当地给予帮助和引导。

失败的经验富含孩子成长必需的营养

在一个小镇上，有好几家家具店，但却没有一家的生意超过王木匠家。王木匠的小儿子对此很不解，于是问父亲："为什么镇上的人都爱买我们家的家具，都说我们家的家具好呢？"王木匠神秘地笑了笑，说："明天我带你去找答案。"

第二天一大早，天刚蒙蒙亮，王木匠便带着小儿子去山里伐木材。来到大山脚下，王木匠拴好牛车，就拉着小儿子的手一直往山顶攀爬。小儿子好奇地问父亲："山脚下那么多树可伐，我们为什么要爬到山顶上去呢？"王木匠没有回答，只是对儿子说道："你抱抱这几棵树，看看它们究竟有多大。"

小儿子不明白父亲的用意，但还是伸出双手，一连抱了好几棵，发现最大的他也能围抱过来。王木匠没有再说话，带着儿子继续往山顶爬。

终于攀上山顶后，王木匠指了指旁边的几棵树，让小儿子抱抱看。小儿子发现，这里的每棵树他双手都抱不过来。

王木匠这才对儿子解释道："山顶的树不仅粗壮，而且夯实，我们一直用它们来打家具，非常牢固，所以人们才会喜欢上咱家店里来买家具。"

小儿子想了想，又问道："同样一种树，为什么山顶的这么粗壮，山脚下的那么细小呢？"

王木匠用手指了指山北边说："这边有刺骨的北风和寒潮。长年经历风吹雨打的树木，生命力极强，根系特别发达，它从泥土中吸取的养分充足，因此长得也特别粗壮。而山下那些树，因为背后有大山抵御北风和寒潮，很少受到自然侵袭，从树枝到根系都得不到锻炼，长得也就瘦小脆弱。若用它们来打家具，不仅易折易裂，而且极易受病虫腐蚀。"

在恶劣条件下生长的树，因为风雨的洗礼反而变得更加粗壮。其实，人也是这样。"生于忧患，死于安乐"，只有受过挫折，遭遇过忧患的人，才懂得如何正视挫折和失败，并不屈不挠地抗争到底，也只有这样的人，才能一步步地走向成功。

篮球飞人乔丹在谈到自己的成功经验时，这样说道："在我的职业生涯中，我曾经有过9000次投篮失误，丢失了近300场比赛。有26场比赛，我的队员把最后的致胜一球让给我投，我却错失了良机。我的一生错误连连，失败累累，但这也正是我成功的秘诀。"

乔丹并没有把自己的成功归结为自己的天赋，而是归结为自己经历的无数次挫折和失败。美国思想家爱默生也曾说过："失败也是我需要的，它和成功一样对我有价值。”对强者来说，失败往往比成功更宝贵。因为失败是经验最宝贵的来源之一，它还可以磨炼一个人的意志，增加人们克服困难的勇气，提高人们解决问题和适应环境的能力。所以，对强者来说，挫折和失败是他们取得成功的助推器。

马克思曾说：“人要学会走路，也得学会摔跤，而且只有经过摔跤，他才能学会走路。”孩子的成长过程，充满了各种各样的困难和挑战，孩子要想取得成功，就必须先学会接受失败，感觉痛苦，然后在挫折和痛苦中勇敢地站起来，不断努力，直到成功为止。

小兵上中学的时候，不仅成绩普通，还很调皮，三天两头地给老师找麻烦。一天，物理老师留了一道很难的题目作为家庭作业。小兵回家后无事可做，一时来了兴趣，便埋头做起了物理题。等他终于解出来的时候，一看表，发现已经过了大半个晚上了，可是，小兵却很高兴，有很强的成就感。

第二天上课的时候，小兵才知道，除了他以外，全班没有一个同学答出来。他更是骄傲了，满心欢喜地等待着老师的表扬。没想到，老师不仅没有表扬他，还当着全班的面问他：“小兵，你老实说，这作业是不是你哥哥帮你做的？我知道你哥哥物理很厉害，前年我教过他。”满心的欢喜瞬间化成了委屈，小兵站起来对老师说道：“老师，是我自己做的，花了不少时间呢！老师，你怎么可以冤枉我？”不管他怎么解释，物理老师还是一副不相信的表情：“小兵，做人要诚实啊！我知道你的水平，这道题根本不在你的能力范围之内。”

小兵没有再解释，他心里难受极了。回到家后，他给哥哥讲了事情的来龙去脉，然后一脸坚决地说道：“明明是我自己解出来的，老师为什么不相信我？我一定要好好学习，将来我的物理一定要比你们都厉害！”

接下来的日子，小兵像是换了个人似的，不再捣蛋，把大量的时间都花在了学习上。他的成绩提升很快，特别是物理，进步更是明显。老师也意识到了自己的错误，很诚恳地向他道了歉，并鼓励他坚持下去。

四年后，小兵考上了名牌大学的物理系，毕业后又去了美国继续深造。回国的时候，他已经拿到了物理学的博士学位。

小兵后来回忆说：“我很感谢老师的那个误会。要不是老师的那一番打击，我不可能认识到学习的重要性，更不会有勇气和毅力坚持到现在。”确实如此，每一次挫折和失败，对孩子来说都是难能可贵的财富。父母要做的不是为孩子清除成长道路上的障碍和麻烦，而是要帮助孩子正确面对挫折，让孩子从失败中学到经验和教训，更好地成长和进步。

曾任英国首相的丘吉尔，在被问及自己在学校里学到的最有效的经验是什么时，他毫不犹豫地回答说：“是我在高中留级的那两年。它使我发现了殊途同归的原则，明白了英国需要的并不是聪明和智慧，而是在困难的时期，能够在坚持下去的勇气。”

丘吉尔的这段话可谓至理名言。父母应该让孩子知道，失败并不可怕，可怕的是因为害怕失败而不敢做任何事。父母要鼓励孩子，只要能勇敢地面对挫折，用心地观察和总结，并积极地寻找解决的方法，就一定能从逆境中找到希望，并顺利地解决问题。

教子心经

没有经过摔打的孩子是脆弱的，孩子只有在一次次的挫折和失败中，才能得到宝贵的经验，才会变得坚强。父母要传递给孩子一种自信、乐观和坚强的人生态度，鼓励孩子把挫折看作成长的财富，引导孩子从失败中总结经验，孩子才能一步步走向成功。

重视并提高孩子的挫折容忍力

在人生的道路上，每个人都免不了会遭遇挫折。然而，在挫折面前，有的人坚韧不拔，百折不挠；有的人却心灰意懒，一蹶不振。其主要原因之一，是每个人的挫折容忍力不同。

所谓“挫折容忍力”，是指一个人在遭遇挫折时，能摆脱困扰而免于心理与行为失常的能力。简单来说，就是一个人经得起打击和挫折的能力。一般来说，挫折容忍力强的人，面对逆境时，就不会或很少产生挫败感，就能更理智乐观地应对挫折。

然而，现实生活中，很多父母的溺爱和过度保护，让孩子失去了很多自我磨炼的机会，孩子对挫折的容忍程度往往不尽如人意。具体来说，主要有以下这些表现。

1.有的孩子受不了被拒绝

小灰和小强是好朋友。这天，小灰到小强家做客，两个人一起在小强的屋子里玩游戏。中途的时候，小强出去客厅端水果，小灰便停下来等他。小灰无意中看到小强的枕头下放着一本很精致的笔记本，一时好奇便拿在手里准备翻看。

正巧这时候，小强回来了，看到他手里的笔记本，放下果盘便急急地抢了过去。小灰笑着问道：“什么东西这么神秘？”小强解释说：

"这是我写的日记，谁都不给看！"小灰更是好奇了，央求了半天，各种理由都用上了，可是小强还是拒绝把日记本给他。

小灰又是生气，又是伤心，觉得小强根本没把自己当朋友，一句话都没说就摔门离开了。之后，不管小强怎么解释，小灰都不能原谅他。

孩子在未来的人生路上，一定会遇到各种各样的拒绝，包括熟悉的和不熟悉的人的拒绝，以及来自友情和爱情的拒绝。孩子如果无法忍受被人拒绝，一被拒绝就产生挫败感，垂头丧气，甚至生出自卑、嫉恨等不良情绪，那么，大家都会觉得和他相处是一种负担，他就很难结交到真正的朋友。

2.有的孩子受不了被误解

一个14岁的女孩，因为被母亲误解为早恋，割腕自杀；一个17岁的女孩陪同学看病，被父亲误解为逃学，喝药自杀；一个15岁的男孩，因为被老师误解为考试作弊，跳楼自杀……近年来，孩子因为受不了被误解而做出极端行为的例子不断见诸报端，引起了社会的广泛关注。

孩子在成长过程中，不可避免地要和他人打交道。在与人交往的过程中，必然会产生这样那样的矛盾和冲突。如果孩子受到误解就无法接受，就产生很强的挫败感的话，孩子就很难处理好与他人之间的关系，甚至会做出过激的行为。

3.有的孩子受不了被挑出错误

小华很要强，各方面表现都很优秀。不过，让父母越来越担心的是，小华只爱听好听的话，根本忍受不了被别人挑出错误。那天，妈妈就说了她一句："你最近越来越贪玩了啊！"她就一整天没吃饭，一个星期没理妈妈，脾气也变得很不好。

长期在顺境中长大的孩子，往往喜欢听好听话，只要别人对他稍加批评和指责，就会产生强烈的情绪反应。这样的孩子在面对挫折时，往往会选择逃避，或者自暴自弃。

4.有的孩子受不了一点不完美

小蕾年纪小，却是个不折不扣的“完美主义者”。这天，妈妈带着5岁的小蕾去为一个小朋友庆祝生日。刚开始，小蕾和其他小朋友一样，玩得很开心，但当她拿到小朋友递来的蛋糕时，小嘴就嘟了起来。她不高兴地拒绝道：“我不要吃破了一个洞的蛋糕！”大家仔细一看，才发现蛋糕上的苹果缺了一个小角。“只缺一个小角啊！蛋糕还是很好吃的！”大家纷纷劝说小蕾，可是任凭大家怎么劝，小蕾都不愿意接受那块缺了一个角的蛋糕，最后甚至还发起了脾气，把蛋糕狠狠地摔在了地上。

生活中，像小蕾这样为了一点儿缺角而拒绝吃蛋糕的孩子，并不在少数。这样的孩子，常常会因为一点儿不如意就大受打击，大发脾气。可是，未来本来就充满了不确定性，孩子不可能每次都能如愿拿到一块完美无缺的“蛋糕”，孩子这样的心态，对他的成长是极为不利的。

挫折容忍力标志着一个人适应环境的能力，很大程度上讲，这种能力是后天学习和锻炼的结果。为了孩子的健康成长，父母应该有意识地让孩子接受生活中各种挫折的磨炼，从而不断增强孩子的挫折容忍力，让孩子更有信心和勇气地去迎接未来的挑战。

教子心经

爱因斯坦曾说过：“智力上的成就很大程度上依赖性格的伟大，这一点往往超出了人们通常的认识。”顽强的挫折容忍力，是“伟大的性格”的一个重要组成部分。孩子经受住的挫折越多，自然得到的经验就越多，累积的成功资本也就越丰厚，当然就更容易取得成功了。

挫折教育要从小抓起

这天，妈妈起了个大早，决定自己送小熊去上学，顺便向老师了解一下小熊平时在幼儿园的表现情况。

和老师聊天的过程中，老师对小熊妈妈说：“刚开学的时候，小熊上课有点散漫，不积极，可能也是因为经过一个寒假的原因。不过后来和小熊的外公反映之后，你们回去纠正得不错，最近表现很好。”妈妈听了老师的话，心里很高兴。

但是，老师突然话锋一转，给小熊妈妈反映了一个情况：“不过，小熊在面对挫折方面还要加强啊！现在我们班上的大多数男孩子都不像男孩子，动不动就爱哭鼻子，有时做得不对，老师说话的语气稍微重了点儿马上就哭了。这种情况目前在班上很突出，有好几个这样的孩子，小熊在这方面的表现也比较明显。”

原来，昨天班上来了个新同学，因为小熊平时在玩“过家家”时当“爸爸”表现很好，所以老师就让他带这个小朋友去玩“过家家”。可是过了一会儿，老师发现小熊还站在那儿不动，上前一问，他说没有小凳子坐，其实凳子就在他身后不远的地方。有个小朋友就说小熊观察不仔细，结果小熊就哭了起来。

老师对小熊妈妈说：“小熊其他方面的表现都很好，最突出的问题就是面对挫折时表现得爱哭，个性很脆弱。这个一定要注意，不然以后会给他带来很多不好的影响。”老师建议小熊妈妈，要多给孩子一些挫折教育，让小熊学着自己去做更多的事，不能只是一味地夸奖或是奖赏孩子，要让他适度地体会到挫折感，还要引导他正确地面对挫折。

其实，小熊妈妈平时也发现了小熊胆子小，但她一直以为面对困难容易退缩和爱哭的毛病和年龄有关，等小熊长大了就好了，没想到这其中还有这么大的学问。

不少家长也都和小熊妈妈一样，认为孩子性格脆弱主要是因为年龄小，长大了自然会坚强起来。其实，这种想法是不对的。专家指出，对孩子的挫折教育应该从小抓起。只有从小培养孩子良好的挫折耐受力，孩子长大后，才能坚强、乐观地面对生活和学习中的各种困难和挫折。

儿童心理学家指出，在0至6岁之间，儿童的心理呈现出阶段性的连续变化，每一阶段儿童都会获得突破性的发展，父母应该抓住这些突出的特征，对症下药地对孩子进行有针对性的挫折教育。

1.0至1岁，无须挫折教育

这个阶段，是孩子最需要家长悉心呵护的时候，是孩子对父母形成信赖感和依赖感的阶段，也是培养亲子关系的重要时期。此时孩子的许多行为都是无意识的，他们需要得到更多的是父母所给予的爱与安全感，并在自己可以感受到安全感的范围内进行探索。当他们感到挫败的时候，他们也会哭闹，但是由于大脑意识的发育尚未完整，孩子的这种探索对他们自身而言就没有成功与失败之说。因此，在这个阶段，暂时不需要对孩子进行挫折教育。

2.1至3岁，适当放手和鼓励

这一阶段是儿童心理发展的一个重要转折期，因为出现了许多对人身发展有重要影响的事件：语言形成、思维萌芽、自我意识的萌芽等。其中，最重要的就是孩子“自我意识的萌芽”。因为一旦孩子开始意识到“我”的存在，就开始“闹独立”，在行动上什么都要“自己来”，而对成人的话很少听从。这一阶段，对孩子进行挫折教育就显得十分重要。

面对这一时期的孩子，父母们常常会感到很头疼。比如，吃饭的时候，孩子要不就是一边玩一边吃，甚至要家长们追着到处跑才能把饭吃下去；要不就是一定要自己拿着饭勺吃，最后的结果就是满桌满地都是饭，而孩子却没吃到多少。又比如，刚开始学走路的时候，孩子为了证明自己的能力，常常喜欢走一些难走的凹凸不平的路。

这个阶段，家长必须有足够的耐心，等待孩子自己遇到困难时，再进行鼓励。在这一阶段，家长要善于利用孩子的失败，并把失败作为教育的契机，引导孩子重新鼓起勇气大胆自信地再次尝试。不过，要注意的是，这一阶段，家长切不可对孩子滥用鼓励，过多的鼓励反而会事倍功半。

3.3至6岁，在游戏与故事中融入挫折教育

3至6岁的孩子理解能力有了很大的提升，此时可以将挫折教育融入游戏以及故事中去。

孩子之所以喜欢玩游戏，是因为在游戏当中孩子可以自我支配的更多，因此，在游戏当中，孩子更容易显现出自己的真实心理。和孩子一起玩游戏，家长常常可以发现一些平时忽视了的问题。这时家长就可以用“角色语言”来鼓励孩子，也会发现这比平时的劝解更加有效。

小然是个很内向的孩子，平时无论干什么都显得很没信心，大家的鼓励对她来说完全没效果，父母费了很大力气也找不出原因。小然最喜欢小鸭子，在一次游戏中，妈妈和她玩角色扮演，妈妈扮演小鸭子和她对话，这才知道，原来以前有小朋友说她笨。找到症结所在后，妈妈就有意识地让小然做一些她可以胜任的事情，渐渐地，小然的自信心增强了，性格也开朗了很多。

父母可以和孩子玩一些需要多次尝试才能成功的游戏，还可以多和孩子玩一些有输有赢的游戏，让孩子在享受到快乐的同时，逐渐明白，生活不是一帆风顺的，总会遇到挫折和失败，只要勇敢地去面对，努力去做，就能战胜挫折。

此外，家长还可以适时地给孩子讲一些名人勇敢战胜挫折的故事，在故事中向他们灌输积极面对挫折的思想。

教子心经

习惯的养成，心态的培养，性格的塑造等都需要一个过程，而一旦形成再要改变就很困难。因此，对孩子的挫折教育一定要从小抓起，从小就让孩子经受一定的挫折，孩子才能正确对待挫折，也才能在一次次战胜挫折的过程中，磨炼出坚强的意志。

进行挫折教育，不能太过火

挫折感作为受挫折者的负面情绪反应，对人的心理影响是很大的。连续的挫折会击垮一个人的自信心，严重的还会使人产生悲观厌世的不良情绪，甚至形成仇视他人、敌对社会的偏执性格。

每一个人都会面临着困难、风险、挫折与失败，教育学专家为家长们开出的处方就是对孩子进行挫折教育。对孩子进行挫折教育的目的在于培养孩子内在的自信与乐观，重点在于让孩子发现自己的问题和不足，让孩子不断地调整自己，完善自己。

然而，凡事都有度，对孩子进行挫折教育也是如此。良好的挫折教育必须建立在恰当的教育程度之上。各个年龄阶段的儿童发展水平都不一样，另外，每个孩子由于性格、环境的不同，对挫折的心理承受能力也是不一样的。如果家长忽略孩子的年龄和实际情况，就有可能损害孩子的自信心和积极性，严重的还会给孩子带来身体和心灵上的伤害。

林林今年7岁了，由于从小就体弱多病，林林的性格也有些像女孩子，容易害羞、胆怯，还动不动就喜欢哭鼻子。爸爸为了锻炼他，决定每天早上带他跑步。这本来是一个很好的决定，可是爸爸却没有考虑到林林的年纪和身体情况，他要求林林每天必须跑1000米。林林常常是跑了400米就气喘吁吁、脸色苍白，可是，每当他想停下来休息的时候，爸爸就会严厉地批评他。林林不敢反抗，只好咬牙硬撑着。终于有一天，林林在跑步的途中，身体不堪负荷，晕倒了。由于不科学的锻炼，林林的身体变得更差了，不仅如此，他也变得更加沉默了，私底下还出现了一些攻击性的行为，比如砸家里的东西等。

爸爸的出发点是好的，可是过于苛刻和频繁的挫折教育不但没有帮到林林，反而让他变得更加虚弱和孤僻，甚至用砸东西这样的不良方式来宣泄自己的负面情绪。所以，家长在对孩子进行挫折教育的过程中，一定要把握好度，不能太过火。只有适度适量的挫折教育，才能激起孩子的斗志，激发孩子的潜能，达到预期的效果。

那么，家长怎样才能把握好这个“度”呢？

1.让孩子有一个心理建设的过程

在日常生活中，家长要潜移默化地让孩子间接地接触和感知挫折，让孩子对挫折有一个形象具体的认识。比如，父母可以陪孩子一起看看《狮子王》，还可以给孩子讲讲《汤姆历险记》这样的小故事，父母在讲故事的同时，要让孩子了解到，每个人的成长中，都会有许多的困难和挑战。同时，父母要激励孩子向故事中的主人公学习，勇敢地面对挫折，努力地战胜挫折。这样一来，孩子不仅对挫折有了一个具体的认识，也有了一个心理建设的过程。当他真的遭遇挫折时，他就能更快地冷静下来，并积极地采取有效的行动了。

2.给孩子合理的期望

每个孩子都有自己的长处与不足，家长对此应有客观的评价，并据此对孩子的成长提出合理的期望，从而激励孩子向适合的发展目标努力。

如果家长只看到孩子的优点而无视他的缺点，孩子就会对自身的不足缺乏认识而骄傲自满，不能接受失败；如果家长对孩子抱有不切实际的过高期望，就会增加孩子的心理压力，使孩子不敢面对失败。当然，家长如果总是挑孩子的毛病，贬低孩子，对孩子不抱期望，也同样会伤害孩子的自尊。这样的孩子缺乏自信，会逃避困难以求避免挫折。

总之，家长对孩子不合理的期望，无论是过高还是过低，都会阻碍孩子对自我进行客观的评价，使原本不应引发挫折感的事件都可能对孩子造成挫折。只有对孩子提出合理的期望，孩子才能正确地评价自我，并在此基础上，对自己可能遇到的困难、挫折有适当的预期。

3.考虑到孩子的实际情况

为了提高孩子的逆商，有时候，家长需要人为地为孩子设置一些挫折情境。在此过程中，家长一定要充分地考虑到孩子的年龄、性格、心理承受能力等实际情况，不要为孩子设定不可能完成的任务。

因为，如果孩子经常遭受这样的挫折，就会产生“无能”的感觉，感到事事失败而丧失信心。孩子在遇到困难和失败时，就会产生消极情绪，表现出畏缩、退却、逃避等行为。父母给孩子设定的应该是有一定难度，孩子需要跳一跳才能够得着的目标，孩子通过自己的努力战胜了挫折，有了成功的体验，自信心也会不断增强。

4.在孩子遇到挫折想退缩时要鼓励孩子

孩子在遇到挫折想退缩时，父母要及时地鼓励孩子。父母要让他认识到，人的一生会遇到很多挫折，关键在于我们如何正确地认识和对待它，只要勇往直前，就一定能战胜挫折。另外，在孩子做出很大努力取得一定成绩时，要及时肯定，让孩子看到自己的能力，从而使他更有信心地去面对新的困难。

5.帮助孩子疏导不良的情绪

孩子在遭遇挫折时，往往会产生一些不良的情绪反应，对此，父母应该及时地帮助孩子疏导，而不应该不管不问。比如，帮助孩子分析遭受挫折的主客观原因，找出失败的症结所在；帮助孩子分解目标，制订计划等。父母在平时要多观察孩子的活动，如果孩子在克服困难时几经尝试均告失败，就应及时给予具体帮助。

6.挫折教育要循序渐进

对孩子进行挫折教育，要遵循循序渐进的原则。给孩子提出的要求要由易到难，由简单到复杂，要给孩子适应和成长的时间和空间，而不能有“一口就能吃成胖子”的想法。

教子心经

挫折教育是孩子成长和进步的阶梯，但是，父母在对孩子进行挫折教育的过程中，一定要充分考虑到孩子的情况，把握好挫折教育的度，不能太过火。只有符合孩子实际的、适度适量的挫折教育，才能达到不断增强孩子的心理承受能力、提高孩子逆商的目的。

第二章 让孩子吃点苦，也是一种爱

作家屠格涅夫曾说：『你想成为幸福的人吗？那么，首先要学会吃苦。能吃苦的人，一切的不幸都可以忍受，天下没有跳不出的困境。』为了让孩子健康成长，父母应该舍得放手，让孩子吃点苦，培养孩子自立、坚强的性格，不断提高孩子对挫折的承受能力和应对能力。

让孩子吃点苦是有必要的

“再苦不能苦孩子，再穷不能穷教育”，这句口号的原意是倡议社会各界都要关心孩子的健康，支持教育事业的发展。然而，现在却被不少家长一分为二，只强调前者，“再苦不能苦孩子”成了一些家长的口头禅，成了家长溺爱孩子的借口。

许多家长把大量的精力和金钱都花在了孩子身上，想方设法让孩子穿名牌，吃营养品，玩时尚，读重点；孩子上学有人送，放学有人接，书包有人提，衣服有人洗，被子有人叠；有的家长甚至到学校帮孩子打扫卫生，擦黑板，学校组织的课余劳动课，已经成为众多家长的劳动课；孩子要什么买什么，要怎样就怎样，孩子俨然成了大人们心中的“太上皇”。

诚然，父母把希望寄托在孩子身上，关心爱护孩子无可厚非，但是，如果过分溺爱孩子，则只会害了孩子。父母事事包办替代，只会让孩子养成“衣来伸手，饭来张口”、好逸恶劳的坏习惯，孩子对大人过分依赖，自理能力差，一旦他们离开大人后，很难独立生活。

在优越环境里长大的孩子，要什么有什么，想怎样就怎样，久而久之，孩子就养成了要强的性格，处处与人攀比，缺乏同情心，以自我为中心，当他们的要求遭到拒绝或是愿望得不到满足时，他们就会发脾气，摔东西，无法控制自己的情绪。

在“蜜罐”中长大的孩子，没有吃过一点苦，没有遭受过挫折的打击，一旦他们在生活上、学习上所遭受困境和挫折，他们就会不知所措，就会丧失勇气和信心，选择逃避，严重的甚至还会产生厌世、自杀的念头。

有些父母想当然地认为，孩子长大后自然就会具备自立能力和自强精神，现在学习成绩好比什么都强。这种想法是极不可取的。请父母们想象一下：有的上了小学甚至初中的孩子不会洗自己的袜子，有的尚未成年的孩子就已想好将来由保姆服侍自己，这样的孩子长大后怎么可能独立地面对困难，承担责任呢？

有这样一篇报道：一对夫妻把儿子辛辛苦苦养大，儿子大学毕业后上了班，有了收入，父母就不再给他零花钱。可是进入社会的儿子不但要吃好的、用好的，还要追流行，钱根本不够花。他对父母说："如果你们不能给我提供一辈子的优裕生活，为什么让我从小就养成这种习惯？"

父母对儿子的爱，让儿子在生活中养尊处优，习以为常，意识不到生活的艰辛，直到自己走进社会时，才发现自己的收入根本养不起自己，从此生活在痛苦之中。父母不可能供养孩子一辈子，孩子的成长也只有一次，而且不可逆转。父母只有从小对孩子进行吃苦教育，让孩子吃些苦，才能逐渐培养起孩子独立自主的能力，孩子才能懂得感恩生活，并逐步形成坚强的意志品质。

在很多发达国家，都很重视对孩子进行吃苦教育，他们的一些观念和做法，值得我们学习和借鉴。

在美国，南部一些州立学校特别规定：学生不带一分钱，必须独立谋生一星期才能予以毕业。学校试图通过这种吃苦训练来培养孩子独立生存的能力。尽管条件有些苛刻，家长们却全力支持这项活动，而事实证明，这项活动确实让孩子们受益匪浅。

在德国，父母从不包办或代替孩子做任何事情，相关法律还规定：孩子到14岁就要在家里承担一些家务劳动，比如要替全家人擦皮鞋等。这样做不仅培养了孩子的劳动能力，还培养了孩子的吃苦精神和社会责任感。

日本教育孩子有句名言：除了阳光和空气是大自然的赐予，其他一切都要通过劳动获得。许多日本学生在课余时间，都要去外边参加劳动挣钱，大学生中勤工俭学的非常普遍，就连有钱人家的子弟也不例外。

在瑞士，父母从小就非常重视对孩子进行吃苦教育，让孩子学习自食其力，以免将来成为无能之辈。如瑞士有德语区和法语区，瑞士的父母会让成年的孩子到不同语言的家庭去做工，既锻炼劳动能力，又有利于学习语言。

加拿大为了培养孩子在未来社会中生存的本领，人们从很早就开始训练孩子独立生活的能力。在加拿大一个记者家中，两个上小学的孩子每天早上要去给各家各户送报纸，无论刮风下雨都从来没有耽误过。

孩子不愿吃苦，拒绝吃苦，并不是孩子的过错，而是父母没有从小培养孩子自立能力和吃苦精神的结果。为了让孩子以后能够幸福，父母现在就要舍得让孩子吃苦。父母只有舍得让孩子吃苦，孩子才能受到挫折教育。只有这样，面对挫折的时候，孩子才能够应对自如。

教子心经

“自古英雄多磨难，从来纨绔少伟男。”孩子的成长不可能一帆风顺，只有从小让孩子吃些苦，让孩子经受生活的磨炼，才能培养出孩子顽强的意志，锻炼出孩子不怕困难，敢于面对失败的心理品格，才能不断提高孩子的逆商。

给孩子设置一些挫折和障碍

长期在顺境中长大的孩子，自我评价相对较高，容易在受挫后因为自尊体系受到冲击而产生两种极端反应。一种是可能会从高度自信的状态，进入自我否定的状态，把失败的原因归结在自己身上，我们称为“内归因”，在情绪上可能表现焦虑、抑郁、悲伤、委屈等反应。第二种是孩子因为一直在鲜花与掌声中长大，自我感觉良好，当出现挫折与失败时，往往归结到外部环境，我们称为“外归因”，这时他们可能无法接受他人的指责，产生不满、愤怒、怨恨的情绪，甚至做出一些极端的行为，例如攻击老师、家长或同学。

在日常生活中，适当地给孩子设置一些挫折和障碍，把挫折教育渗透到一点一滴的小事中，提高孩子承受挫折的勇气和能力，是极其有必要的。

1. 帮助孩子消除自满的情绪

小涛是个十分讨人喜欢的孩子，对人有礼貌，学习成绩也很好，而且他的绘画作品多次作为对外交流的儿童画出国展览，周围的人都对他赞不绝口。为了不让小涛养成自傲的心理，父母决定给他创造受挫的机会。

一天，妈妈特意带小涛去同事家里玩。这位同事的儿子斌斌比小涛更优秀，妈妈希望小涛知道人外有人，不要太骄傲。两个孩子见面后，玩得很投缘。但不一会儿，小涛就有些不高兴了。原来，小涛和斌斌玩智力游戏的时候，总是输。尽管斌斌热情邀请小涛再玩，但是，小涛却坚决要求妈妈带他回家了。

在回家的路上，妈妈对垂头丧气的小涛说："小涛，妈妈知道你不高兴，是不是因为玩游戏总是输？"小涛瞥了妈妈一眼，没说话。"你知道吗？斌斌也是一个聪明的孩子，他比你小一岁，但是，已经跳级了。"妈妈说。小涛觉得有点好奇："是吗？挺厉害的。""是呀，斌斌是个优秀的孩子，但他从来不炫耀这些，总是努力地学习。"妈妈接着微笑着对小涛说："你也是个优秀的孩子，但学无止境，不要骄傲哦！"小涛领会地点了点头。

总是得到赞美和表扬的孩子，难免会有骄傲自满的情绪，如果家长不能适时进行引导，一旦挫折来临，孩子很可能就会备受打击，不知所措，甚至一蹶不振。因此，家长要关注孩子的情绪，找到适当的时机和方法，消除孩子的自满情绪，帮助孩子客观全面地认识自己。

2.给孩子设定一些任务

父母要克服传统的教育模式，变"封闭式"为"开放式"，变"顺从型"为"开拓型"，放手让孩子在自由、宽松的环境中锻炼独立性。在生活中，家长可以根据孩子的年龄和能力，给他设定一些适当的任务，鼓励他通过自己的努力去完成。家长应让孩子明白，自己能做的事自己做，让"我自己来"成为孩子的座右铭。

3.为孩子创设困难情景

没有困难，可以制造困难。在孩子的生活和学习过程中，家长可以随时随地利用现实情景"制造"一些难题，然后让孩子开动脑筋，让他根据自己以往的生活经验，去克服这些困难。家长可以让孩子独立参加夏令营、磨难营，或学校以及其他机构组织的探险、下乡活动，让孩子去体验和感受。家长还可以鼓励孩子参加各种社会实践，比如让孩子利用节假日打工赚钱等。

4.设置障碍要科学适度

父母在设置障碍的时候，应该充分考虑到孩子的年龄和实际情况，对于年龄越小的孩子，设置障碍应该越少，障碍发生的频率也应该越低。对于受挫较多的孩子，设置障碍应少，甚至可以不设障碍。障碍的设置应该具有渐进性，应该由小到大，由少逐渐增多，切不可一开始就给孩子一个下马威。当孩子排除障碍、战胜了挫折时，父母要给予及时的表扬和鼓励，强化孩子积极的行为，增强孩子的自信心和战胜困难的勇气。

教子心经

如果孩子走惯了平坦路，听惯了顺耳话，做惯了顺心事，那么，一旦他们遇到困难，他们就会不习惯，甚至会束手无策，这样就会产生挫败感。所以，在平时的生活和学习中，有意识地设置一些挫折和障碍，以此来提高孩子的耐挫能力，是个不错的方法。

把挫折和难题还给孩子

爱因斯坦曾说：“独立思考和独立判断的能力，始终是一个人首先要具备的，并且是凌驾于他的专业知识之上的能力。如果一个人掌握了所学学科的基础理论，并且学会了独立思考和工作，他必定会找到他自己的道路。而且，比起那些主要以获得知识为主的人，他一定能更好地适应进步和变化。思考、思考，我就是用这个学习方法来迎接所有的挫折，并成为科学家的。”

爱因斯坦的这段话，深刻地诠释了独立思考的重要性。独立思考的能力不仅能帮助孩子更好地掌握科学文化知识，还能让孩子在面对挫折和难题时，具备独立分析和处理问题的能力，能够理智而积极地去应对困境。要提高孩子的逆商，父母就要注意培养孩子独立思考的习惯。

在日本，孩子很小的时候，大人就灌输给他一种思想：“不给别人添麻烦。”全家人外出旅行的时候，不论多么小的孩子，都要无一例外地背一个小背包。对此，父母的解释是：“这是他们自己的东西，应该由自己来背，背不动的话就要自己想办法。”于是，孩子们或是减少行囊，或是互相帮扶，靠自己思考想办法，最终总能和父母一起顺利到达目的地。

日本父母的这种教育理念值得我们借鉴，要培养孩子独立思考的能力，最简单的做法就是把挫折和难题还给孩子，让孩子独自应对。尽管孩子的想法和处理方法可能是幼稚、天真，甚至是可笑的，但只要父母按捺住想要帮孩子解决的思想，抓住孩子言谈举止中的闪光点，鼓励他深入思考，让他尝到思考的乐趣，就能不断增强孩子面对挫折时的信心，不断提高孩子独立思考问题和解决问题的能力。

培养孩子独立思考的能力，父母完全可以从生活中的一些小事入手，下面是几个行之有效的建议。

1.只给一半的答案

世界著名作家歌德小时候，母亲经常给他讲故事。母亲讲故事的方法很特别，她总会在最精彩的地方停下来，然后让小歌德自由地去想象，鼓励他继续说下去。母亲这样的方式，极大地发掘和培养了歌德的想象力，为他后来的创作带来了不少美妙的灵感，他也因此写出了很多不朽的佳作。

当孩子向父母提问或是寻求帮助时，父母可以给孩子一个不完整的答案，为孩子指引一个大概的方向，鼓励孩子自己开动脑筋去思考，找到问题的答案。这样，孩子就会慢慢地养成主动思考的习惯了。

2.把结果藏起来

刚放暑假的时候，小优天天和小伙伴们跑出去玩，几乎没怎么看书。眼看快开学了，小优也着急了，这才收了心专心在家做作业。这天，妈妈在家收拾房间，小优在一旁写作业。细心的妈妈发现，小优几乎是刚看完题目，就去翻看书本背后的提示和答案。

妈妈想了想，便走上前去，对小优说道："咱们把书本后面的答案撕下来，由妈妈先替你保管，等你都做完了，妈妈再给你，你再对照着检查，好不好？"小优起初很不高兴，后来在妈妈的劝说下，还是同意了。

没有了答案，小优只好仔细地读题，认真地思考，不会的就翻看书本和笔记。等她终于把整本暑假作业都做完的时候，她惊喜地发现，自己不仅复习了旧知识，还学到了不少新知识，通过自己的思考，她还想到了好几种新的解题思路。

当孩子在做一件事情或是完成一件任务时，父母可以先把结果藏起来，给孩子一个独立发挥的机会。孩子第一次面对这样的挫折时，可能解决起来会有些困难，但是当他通过自己的思考找到答案后，就会体验到成就感，下次再遇到类似的情况，他就会习惯性地先考虑自己寻找解决办法了。

3.引导孩子的好奇心

小宝对爷爷养的那盆浑身长着小刺的仙人球充满了好奇，他缠着爸爸问："爸爸，仙人球为什么是圆的？它是怎么开花的？它为什么浑身都是小刺呢？"对小宝提出的问题，爸爸并没有直接回答，而是抽空带小宝去了一次植物园，让他认识到了更多有趣的植物。然后，爸爸还带小宝去了一趟书店，给他挑了一些有关植物的书籍。小宝高兴极了，回到家后就迫不及待地捧着书读了起来。晚上的时候，小宝兴奋地跑到爸爸身边，对爸爸说道："爸爸，我知道仙人球为什么会长成那样了，我也知道它开花时候是什么样子了……"原来，小宝在一本书里找到了答案。

孩子往往有着强烈的好奇心，他们脑子里总是会有很多稀奇古怪的问题。这时候，父母千万不要觉得不耐烦，而"顺手"帮孩子迅速解决，因为，这样孩子就失去了探知事物的机会，也少了与挫折作斗争的好时机。父母应该在保证孩子安全的前提下，鼓励孩子在好奇心的引导下，勇敢地去探索并寻求问题的答案和解决方法。

教子心经

要培养孩子独立思考的能力，增强孩子对挫折的心理承受能力，提高孩子解决问题的能力，父母就应该把挫折和难题还给孩子，让孩子独立面对。也只有在困难和挫折的磨炼下，孩子才能不断地提高自己的逆商。

拒绝孩子不合理的要求

爸爸带5岁的儿子安安到商场购物，走到三层的玩具商城时，各式各样的玩具让安安挪不开眼。安安拉着爸爸的手臂，说道："爸爸，我想去看看！"经不住他的纠缠，在他再三保证不买玩具的前提下，爸爸带着他走进了玩具城。

明明说得好好的，可是当安安看到一款新出的机器人时，就要爸爸帮忙买下来，爸爸不答应，他就赖在柜台前不走。爸爸对他说："你已经有好几个机器人了，这个先不买了。再说，爸爸今天的钱也没带够，咱们改天再来买！"听了爸爸的话，安安不仅不答应，还大嚷大叫，爸爸呵斥了他两句，他就大声地哭了起来。安安的哭声吸引了不少人的注意，爸爸没办法，只好妥协了，给他买了那个机器人。

这样的情况相信每一位家长都遇到过。每一位家长都希望自己的孩子能健康快乐地成长，所以，他们总会尽自己所能地满足孩子的愿望和要求。然而，如果一味满足，孩子的欲求就会越来越多，今天要这个，明天要那个，只要是看着顺眼的，他们都想占为已有，而不管这个东西对自己有没有用，父母能不能购买得起。总有一天，孩子的要求会让父母完全无法招架。

有的父母也曾尝试着拒绝孩子，但是，一旦孩子开始撒娇、哭闹，他们又开始心软，违心地满足了孩子的要求。父母这样做，只会让孩子形成"只要我一哭，父母就都听我的"的印象，让孩子养成任性的坏毛病。正如教育家苏霍姆林斯基所说："如果孩子在实际生活中确认，他的任性要求都能得到满足，他的不听话并未招致任何不愉快的后果，那么他就会渐渐习惯于顽皮、任性、捣乱、不听话，之后就慢慢认为这是理所当然的。"

孩子年龄小，经验少，往往无法分清是非，无法判断行为的合理性，加上孩子的自我控制能力较差，有时候明知是错的，却很难控制自己。为了帮助孩子更好地成长，父母就要学会巧妙地拒绝孩子不合理的要求。专家指出，任性的孩子往往缺乏心理承受能力。因此，拒绝孩子的不合理要求，对于培养孩子的自制力，提高孩子的逆商有重要意义。

那么，父母应该怎样拒绝孩子的不合理要求，让孩子在不满足当中逐渐提高自制能力和抗挫折的能力呢？

1.倾听孩子的理由

家长不能为了拒绝而拒绝，当孩子提出要求时，父母应该亲切、耐心地询问孩子为什么要提出这样的要求，耐心地倾听孩子的理由，有助于父母做出正确的判断。

2.拒绝孩子时态度一定要坚决

在确定孩子的要求为不合理要求时，必须予以拒绝，不论孩子如何哭闹都要坚持原则，不能因心疼孩子哭闹而妥协。否则，孩子一旦有通过哭闹的方式达到目的的经验，就会养成习惯，拿哭闹当作要挟家长的手段。最好在孩子第一次这样做时就坚持不妥协，使孩子明白哭闹也无济于事。

3.拒绝理由一定要充分

父母拒绝孩子后，一定要向孩子说明理由，而且理由一定要充分。父母要让孩子明白，之所以拒绝他，是因为他的要求是不合理的，而不是父母不愿意满足他。比如，孩子感冒了，却还嚷着要吃雪糕时，父母就应该坚决对孩子说："你现在不可以吃雪糕，因为你感冒了，再吃雪糕，你一会儿又要难受了。"

4.要控制好自己的情绪

当孩子宣泄负面情绪时，孩子的哭闹很容易使家长失去理性，导致情绪失控。在这样的情形下，家长往往会对孩子进行语言和行为上的攻击。事实上，这样做除了令孩子感觉恐惧之外，不会有任何的积极意义。因为，家长的过激情绪会导致孩子关注家长的情绪变化，或许会被父母过激的行为所震慑而不敢哭闹，忽视了对事情本身的分析和判断。这样做除了给孩子带来心理伤害，影响亲子之间的关系外，也违背了以拒绝的方式帮助孩子健康成长的目的。

5.大人的态度要一致

很多家长在教育孩子时，喜欢一人唱红脸，一人唱白脸，其实这样的做法对孩子的成长是极为不利的。为了保持对孩子的教育一致性，家庭成员之间平日要加强沟通，针对孩子的一些问题进行讨论，最后达成一致的态度，在出现问题时要保持一致的做法。这样做才能帮助孩子建立明确的是非观，才有助于孩子学会遵守规则。

6.可以提出一些合理建议

拒绝孩子的要求之后，家长可以根据实际情况，再给孩子提出些合理化建议，不能只单纯拒绝后，便不管不问。拒绝孩子是使孩子得到一次成长的机会，使孩子学会判断哪些事适合自己做，哪些事不能去做，决不能对孩子进行全盘否定。

7.孩子听从后一定要及时表扬

如果孩子听从了父母的规劝，没有坚持不合理的要求，父母就应该及时给予表扬，从而强化孩子的良好行为。

教子心经

一个不曾被拒绝的孩子长大后是经不住挫折考验的，为了孩子的幸福，家长应施以理智的爱。当孩子提出不合理的要求时，家长应该予以巧妙、坚决地拒绝，从而帮助孩子建立正确的价值观念和是非观念，同时增强孩子的自我控制能力，为孩子的健康发展创造有利的条件。

纠正孩子乱发脾气的坏习惯

萌萌是在爷爷奶奶和爸爸妈妈的精心呵护下长大的，在家里，萌萌是爷爷奶奶的心肝宝贝。在爷爷奶奶眼里，萌萌做什么事情都是对的，提出的任何要求都是合理的。有时候，萌萌犯了错，爸爸妈妈批评她两句，爷爷奶奶不但会护着她，还会反过来教训爸爸妈妈：“孩子知道什么！长大就懂事了！”有了爷爷奶奶的庇护，萌萌的脾气越来越大，动不动就生气、哭闹、乱发脾气。

在幼儿园里，萌萌经常跟其他小朋友发生矛盾，原因就是她做什么事都是随心所欲，喜欢干什么就干什么。有时候其他小朋友正玩着自己的玩具，她看到了，觉得喜欢，就马上过去抢。小朋友不给，她就冲人家发脾气，有时候甚至还动手打人。

萌萌过分要强，总是乱发脾气，小朋友们都不愿意跟她玩。不仅如此，萌萌甚至连老师的话都不听，总是顶撞老师。老师说她几句，她就委屈地哭，边哭还边说：“你欺负我，我要回家告诉爷爷奶奶！”萌萌的这种表现，让老师也无可奈何。

乱发脾气是许多孩子比较常见的现象之一。教育心理学家指出，乱发脾气是孩子意志薄弱、缺乏自控能力的表现，其主要特征是想要什么就得给什么，想干什么就得让干什么，不达目的，决不罢休。孩子乱发脾气会影响他的知识的获得，影响他人际交往等各方面能力的发展，不利于孩子今后的成长。

孩子乱发脾气的坏习惯往往是在长辈的溺爱和纵容下逐渐养成的，要帮助孩子纠正这个坏毛病，家长的态度很关键。那么，家长应该如何纠正孩子乱发脾气的坏习惯呢？

1.理解孩子，接纳孩子的情绪

愿望得不到满足就乱发脾气，对于两三岁的孩子来说十分正常，这种行为是暂时的、阶段性的。一般来说，孩子从一岁多开始就会出现发脾气、哭闹的现象。这是因为他们的智力、运动能力的发展速度远远超过了语言的发展速度。孩子知道自己想要什么，却没有耐心等待，又无法用语言表达自己的感受，于是就会乱发脾气，借以表达自己的需要和感受。3岁以后，语言表达能力跟上来，会有所缓和。对此，父母应该表示理解。父母只有先接纳孩子的这种情绪和行为，才可能对孩子进行正确的引导和帮助。

2.适当“惩罚”，让孩子体验行为的苦果

孩子乱发脾气时，父母可以温和、耐心地询问孩子的感受，并给孩子一定的劝说和安慰，但是如果孩子不仅不能停止自己的行为，反而变本加厉闹得更凶的话，父母就可以选择冷处理，不理睬他，直到孩子“软”下来，再跟他讲道理。

妈妈把女儿接回家后，让女儿自己玩，她做晚饭。没多一会儿，女儿就跑进厨房缠着妈妈：“妈妈，你到客厅陪我玩！”妈妈耐心地对女儿解释道：“妈妈现在不能陪你玩，如果妈妈陪你玩，爸爸回来就不能吃上饭了。等妈妈做好了再陪你玩，好不好？或者，你到厨房来，妈妈看着你玩。”女儿听妈妈这么说，大哭大闹起来。看着女儿脸上的泪水，妈妈的心里也很不是滋味，可是妈妈还是狠下心来，把哭闹不止的女儿抱回了客厅。

过了一会儿，妈妈发现客厅里没了动静，她赶紧悄悄地走到客厅的门口察看。女儿没有再哭，而是一个人在沙发上给洋娃娃穿衣服，一边穿还一边自言自语：“妈妈现在没时间，我们等妈妈做好饭，再让她和我们一起玩。”

有的孩子平静下来以后，会主动上前“讨好”家长。这时候，家长也要刻意对他保持一点“冷漠”，让孩子意识到自己的言行让家长很不高兴，然后向他说明道理，引导他自己承认错误，并注意以后不再乱发脾气。只有这样，才能让孩子认识到自己错误的同时，加深他对此类事件的印象。

3.为孩子营造一种和睦的家庭氛围

平等、民主、充满亲情和理解的家庭环境，能带给孩子愉悦的心情，使其性格开朗。家长要多关心、了解孩子的身心发展特点及其需要，遇事多和孩子商量。比如，家长可以多问孩子“能不能等一等”、“这件事你是怎么看的”、“你有什么建议”等。这样的发问方式，能让孩子从小学会用语言和协商的方式解决问题，这有利于孩子克服暴躁的情绪，减少哭闹、耍赖的行为，有助于帮助孩子改正乱发脾气的坏毛病。

4.让孩子参加可以“磨性子”的活动

父母还可以让孩子参加一些可以“磨性子”的活动，让孩子在享受乐趣的同时，逐步改掉坏毛病。比如，让孩子参加学校或校外的书画兴趣小组，在书画练习中陶冶性情；让孩子和妈妈一起剥毛豆，择韭菜，参加诸如此类的家务劳动，在劳动过程中培养耐心、毅力；双休日，与孩子一起登山、远足等。实践证明，这些活动实施一段时间之后，有乱发脾气习惯的孩子都会有不同程度的进步，发脾气行为的发生率也会明显降低。

教子心经

父母要让孩子明白，发脾气不仅不能帮助他克服挫折，逃避责任，或是改变任何事情，还会让周围的人讨厌。对于不听劝告的孩子，家长可以暂时不予理睬，孩子在乱发脾气达不到目的的过程中，也能逐渐学会自我控制，慢慢克服乱发脾气的坏习惯。

孩子错了要给点“惩罚”

尽管我们一直提倡要对孩子进行赏识教育，但是，家长也不应该将赏识教育泛滥化。如果父母事事都赏识，时间久了，孩子就听不得一点批评，受不得一点委屈，就会给孩子的成长带来不利影响。

有专家认为，没有惩罚的教育是不完整的教育，赏识教育只有与惩罚配合着使用，才能显现出教育的力量。因此，尽管孩子犯错在所难免，但是当孩子闯下大大小小的祸事时，家长就应该对孩子进行适当的惩罚教育，目的是让孩子吸取教训，从而改正错误，完善自己。

暑假的时候，月月的小姑带着儿子到月月家做客。看着比自己小两岁的弟弟，月月兴奋得大呼小叫，整天和弟弟疯着玩。

这天中午，月月带着弟弟在爸爸妈妈的床上玩。没一会儿，月月便光着脚下床去了卫生间，上完厕所后，又返身跳到了床上，洁白的床单上立即留下了两个黑乎乎的脚印。妈妈刚好看到这一幕，很生气，甚至想狠狠地打她两下。

但是，妈妈最终没有这么做，而是把床单换下来拿到卫生间。然后，妈妈把月月叫到身边对她说：“月月，你又犯错误了，知道吗？”月月瞄了一眼脏兮兮的床单，小声地说：“妈妈，我错了！”妈妈听后点点头，接着说道：“嗯，承认错误就是好孩子。但是，你犯了错，就要接受惩罚，床单是你弄脏的，你必须自己把它洗干净。”听了妈妈的话后，月月只好蹲下身，噙着眼泪用小手卖力地搓洗着床单。

妈妈在一旁默默地看着，趁机问她：“累不累？”“累。”女儿小声地回答。“妈妈每天都要洗好多衣服，你觉得妈妈累不累呢？”女儿听后“哇”的一声哭了起来：“妈妈，我真的知道错了，我这么胡闹给妈妈增加了很多劳动，我以后再也不这么做了！”从那以后，月月变得爱干净了，再没有随便弄脏过衣服，妈妈很欣慰。

惩罚是一种教育手段，也是一种微妙的家教艺术。只有拥有了惩罚孩子的智慧，才能真正达到教育孩子的目的。那么，家长在对孩子进行惩罚教育的过程中，应该注意哪些问题呢？

1.犯错误就要被惩罚

孩子犯了错误，就应该接受惩罚，哪怕孩子是无意的，也应该让他对自己的行为负责。比如，孩子不小心把杯子摔碎了，虽然他不是故意的，家长也应该告诉他，这是他的过错，他虽没有料想到自己行为的后果，但仍要为此道歉。家长不应该把错误归结到杯子身上，这样只会让孩子学会逃避责任，不利于孩子的成长。

2.惩罚要及时

心理学家指出：“惩罚的效果部分来自条件反射，而有条件刺激和无条件刺激的间隔时间越短则条件反射的效果越好。”所以，家长一旦发现孩子犯错，只要情况允许，就应立即予以相应的惩罚。如果当时的情境不允许立即做出反应，事后也应及时地创造条件，尽可能让孩子回到与原来相似的情境中去，家长和孩子一起回顾和总结当时的言行，使他意识到当时的错误行为，并明确要求他改正。

3.“量刑”要适当

惩罚孩子的目的是为了孩子向良性转化，惩罚的“量刑”就必须合乎孩子的行为。惩罚过重容易引起孩子的对抗情绪，轻了又不足以使孩子引以为戒。因此，惩罚孩子要以达到目的为原则，既不能轻描淡写，又不能小题大做滥用“刑罚”。

4.指明“出路”不含糊

惩罚孩子不能半途而废，应要求受罚的孩子做出具体的改错反应才能停止。家长要态度明确，跟孩子讲清楚他应该怎么做，达到什么要求或标准，否则有什么样的后果。家长千万不能含糊其词，甚至让孩子“自己去想”。家长不给“出路”，孩子改错就没有目标，效果就不明显。

5.应该就事论事

从受罚者的角度来讲，孩子最反感家长“倒咸菜梗”，一事既出又将陈年老账翻出来。很多家长却不了解这个道理，训教孩子时总忘不了东拉西扯，横牵竖连，说出孩子的种种不是，甚至将孩子说得一无是处，直至忘记了本次训教的主题。时间长了，孩子就会认为，反正自己没有一处是对的，对改错也渐渐失去了信心，甚至干脆破罐子破摔，这样的教育效果可想而知。因此，家长在对孩子进行惩罚教育时，务必要一事一议，就事论事，切忌搞牵连，翻旧账。

另外，家长在对孩子进行惩罚的过程中，应该注意自己的言行，不该对孩子进行挖苦讽刺，更不能随意用恶毒的语言指责、谩骂孩子。家长这样做，不仅会严重伤害孩子的自尊心，也会影响到亲子关系的和谐。

6.事后说理不可无

家长和孩子之间存在着教与被教的关系，但教育孩子仍当以理服人。惩罚只是手段而不是目的，因此，惩罚之后必须要及时与孩子说理，让孩子明白为什么会受罚，让孩子知道如果坚持犯错下去将有什么后果。让孩子明白自己受罚的原因，才是根除错误的关键，说理是惩罚孩子之后不可或缺的一个重要步骤。

教子心经

赏识教育只有与惩罚配合着使用，才能显现出它的力量。孩子犯了错，家长就应该给予相应的惩罚，帮助孩子认识到自己的错误，并及时地帮助孩子改正错误，使其养成良好的行为习惯。对犯错的孩子进行惩罚教育，还能培养孩子的责任心，让孩子成长为一个有担当的人，从而使其能更好地去面对成长中的困难和挫折。

延缓满足孩子的需求

现在的孩子大都是众星捧月的宝贝，孩子有什么要求，家长只要办得到，大都会忙不迭地满足孩子。有的小一点儿的孩子一想到要吃什么，就迫不及待地让父母去准备，如果父母的行动稍微慢了点，孩子就会在一边大声嚷叫，甚至哭闹不止。

立即满足孩子的需求，可能会让孩子暂时很开心，也能暂时阻止孩子的哭闹，但是如果长期如此，对孩子的成长和发展是极为不利的。立即满足孩子的需求，孩子就会养成下面这些不好的习惯。

1.做事没有耐心

如果孩子提出的需求，每次都能马上得到满足，孩子就没有等待的意识，会产生“我说什么，你就要马上做到”的观念。长此以往，孩子就会缺乏耐心，做事的过程中，就容易急躁，难以坚持。

2.习惯依赖他人，缺乏独立精神

父母的迁就会让孩子养成依赖成人的习惯，一遇到困难，首先想到的是寻求大人的帮助，不能独立判断，更不会勇敢地挑战困难。

3.脾气差，挫折忍受度低

父母一次一次的妥协，会让孩子养成“要求不马上达到就发脾气”的坏习惯，而且容易让孩子的脾气变得娇纵，遇事推卸责任，自我控制能力差，遇到困难没办法独立解决时，就会焦躁不安，产生很多不良的情绪反应，没办法忍受挫折。

4.以自我为中心，缺乏团体活动的能力

立即满足孩子的要求，会让孩子养成事事以自我为中心的性格。这样的孩子，往往不能很好地和同伴相处，不能与团队合作，一旦自己的需求和同伴或是团队的要求相冲突时，孩子就很难进行协调，就很容易在群体生活中出现适应不良的情形。

5.注意力不集中，学习不专心

因为常常能得到预期中的帮助与满足，孩子就会认为凡事叫大人帮忙就可以了，所以学习的时候也会比较被动，等着别人告诉他答案，学习的动机不强，很难集中注意力。

可见，立即满足孩子的需求，对培养孩子的耐心，提高孩子对挫折的心理承受力是很不利的。为了让孩子学会等待，培养孩子的耐性，让孩子学会自我克制，父母就要学会延缓满足孩子的需求。

延缓满足就是当孩子提出要求时，先不要立即满足孩子的需求，而是以渐进的方式或有条件地让孩子学习等待与接受的一种教养方法。父母在对孩子进行延缓满足的时候，要注意以下几个方面。

1.帮助孩子分清是“需要”还是“想要”

对于孩子的需求，父母应该首先引导孩子说出理由，帮助孩子分清所要求的东西是需要的还是想要的。比如，孩子说他饿了，但父母给他牛奶时，孩子却提出要吃冰激凌，这就是“想要”而不是“需要”。如果是孩子需要的，父母应该尽力给予满足，而如果是孩子想要的，父母就不用及时满足孩子的欲望，对于不合理的要求，父母还应该予以拒绝。

2.让孩子等一等

孩子的有些要求即使是合理的，也可以等一会再满足他。如，孩子有点口渴想喝水，这个要求当然是可以马上满足的，但有时妈妈可以告诉孩子说：“水有点烫，我们等一下好吗？妈妈帮你吹，一会就能好！”再比如，孩子想要出去玩耍的时候，妈妈可以对孩子说：“你先玩一会儿玩具，等妈妈做完这些事情就带你出去。”让孩子试着等待几分钟，这并不会给孩子带来伤害，但却能让孩子知道，什么是等待。让孩子心里抱有希望，延缓满足他的要求，既不会伤害孩子，也锻炼了他的耐心。

3.根据年龄延缓满足

不同年龄的孩子，欲求的目标也不一样，可根据孩子的年龄和需求，考虑延缓的时间，逐渐提升孩子的耐心和自控能力。要想让延缓满足训练达到良好的效果，对孩子提出的要求应该是孩子能做到的，难度要合适。符合孩子的年龄，孩子才能经受住考验，才能达到想要的效果。如果不符合孩子的年龄，孩子可能根本不能顺从父母的要求，变得脾气暴躁。适当延缓满足孩子的要求，能让孩子的耐心、自律能力都得到很好的锻炼，但是做得过火了，或过于强迫孩子，就会压抑他的性格，剥夺他该有的乐趣。

4.要坚持原则，也要注意态度

对孩子进行延缓满足训练时，父母一定要坚持原则，前后的态度一定要一致。比如，说好等孩子写完作业再吃苹果，可是没等孩子要求，父母又主动把苹果给孩子吃。父母前后态度不一致，会让孩子感到无所适从。

另外，家长在对孩子进行延缓满足时，态度一定要温和，要向孩子说明这么做的理由。良好的习惯都是在生活中一点一滴慢慢养成的，刚开始的时候，孩子都会不适应，难免会有一些情绪反应，对此，父母应表示理解，而不应该随意呵斥苛责孩子。

教子心经

能控制住自己的冲动，朝着既定的目标前进，是取得成功的很重要的一个因素，而延缓满足就是锻炼孩子自制力的一个好方法。延缓满足孩子的需求，让孩子学会等待，对培养孩子的耐性，提高孩子自我控制的能力，增强孩子对挫折的心理承受能力，有着重要作用。

让孩子经历生活的磨难

有句古话说得好：“自古英雄多磨难，从来纨绔少伟男。”纵观古今中外，成功人士大多是经过逆境的种种磨难才取得成功的。面对逆境，他们不是怨天尤人，自怜自叹，而是咬紧牙关，奋力抗争，以不屈不挠的精神，战胜逆境，最终成了生活的强者。

巴尔扎克小的时候，几乎没有享受过家庭的温暖，母亲对他冷漠无情，他成为家里多余的人。巴尔扎克后来回忆童年生活时，曾愤愤地说：“我从来不知道什么叫‘母爱’，我经历了最可怕的童年。”

长大后，巴尔扎克立志要从事清苦的文学创作，当一个“文坛国王”。从1819年夏天开始，他就整天在一间阁楼里伏案写作。阁楼咫尺见方，简陋寒酸。巴尔扎克就是在这样艰苦的条件下，没日没夜地创作。在与书商打交道的过程中，巴尔扎克不断地受骗，以致负债累累。

为了躲债，他曾6次迁居。他对朋友说：“我经常为一点面包、蜡烛和纸张发愁。债主迫害我像迫害兔子一样，我常常像兔子一样四处奔跑。”

正如雨果在他的葬礼上所致的祷告词描述的那样：“在伟大的人物中间，巴尔扎克是最伟大的一个；在优秀的人物中间，巴尔扎克是最优秀的一个……可叹啊！这个坚强的、永远不停止奋斗的哲学家、思想家、诗人、天才作家，在我们中间，却过着风风雨雨的生活，遭逢了任何时代一切伟人都遭逢过的恶斗和不幸。如今，他走了。他走出了纷扰和痛苦。”巴尔扎克的一生，充满了磨难和痛苦，可是，他却始终不曾放弃，生活的磨难反而给他带来了丰富的灵感，让他创作出了一部又一部的传世经典。

北宋文学家欧阳修曾说：“轮曲揉而就，木直在中绳。坚金砺所利，玉琢器乃成。”这里，欧阳修借比喻说明，只有经过生活的磨砺，才能成才立业。

许多父母总是习惯把生活中不幸的事情向孩子隐瞒，希望孩子生活在幸福的生活中。实际上，一个人幸福感的来源，并不是物质生活，而是精神生活，孩子也是一样。许多物质生活丰厚的孩子，并不能真正体会到幸福，因为他们没有自我成就的体验，没有真正获得幸福，因此意志薄弱，抗挫力也很差。

为了培养孩子克服困难的能力，父母就应该让孩子经常经历生活的磨炼，养成坚韧的品格。孩子能忍受艰难困苦，能忍受屈辱、挫折，才能培养坚韧不拔的意志，才能健康成长，才能将来有所作为。

小超的爸爸因为车祸下肢瘫痪了，只有靠单位的工伤抚恤金过日子。妈妈为了增加收入，就去做扛液化气钢瓶的工作。每天，妈妈都要扛着30多公斤的液化气钢瓶走十几趟。

小超在6岁的时候，就得了哮喘病，在服药治疗的过程中，他的肠胃受到刺激，几乎所有的肠胃病他都得上了。最严重的是肠系膜淋巴结肿大，这病既不能多吃药，也不能通过做手术来治愈。疼起来的时候，小超会疼得打滚；如果碰到在上课，小超就会用铅笔盒顶住肚子，只要疼痛不超过10分钟，小超就能够坚持住。

生活的磨难、身体的病痛，不仅没有击垮小超，他反而比其他孩子更懂事，更坚强。不仅会帮着照顾爸爸，帮着妈妈做些力所能及的家务，学习成绩也一直名列前茅。

一位母亲经常把孩子放到艰苦的环境中去接受锻炼，她曾说："正确教育子女的方法，我以为最主要的是爱与严格相结合。在生活上既要给子女适当的爱，又要严格要求他们，特别要舍得让他们到艰苦的地方去锻炼，在风雨中成长。这才是真正的爱。"

一位15岁的独生女喝下农药，过早地辞别了人世。在她最后几天的日记里写了这样一段话："我绝望了。老师和爸爸告诉我这个世界是美好的，但是这个世界并不是那么美好。可为什么又无人来告诉我这世界还有丑，还有恶，还有这难为人理解的一切。谁来告诉我呀？谁来告诉我？"父母费尽心思为孩子挡住了外部的风雨，用自己的心智为孩子撑托起外界的压力，希望孩子能幸福快乐的生活。殊不知，父母提供的这种生活环境，除了家庭以外，其他地方根本不会存在。所以，当孩子们不得不面对现实生活时，当他们遇到未曾料到的打击和挫折时，就会缺乏足够的心理承受力和应付能力。

生活的磨难对孩子来说，其实是一种财富，是孩子获得成长的很好的机会。因此，当家里发生一些变故时，父母不要向孩子隐瞒，一定要让孩子知道。如果父母向孩子隐瞒实际情况，孩子就会失去战胜磨难的机会，失去这种生活实践的机会。这对孩子来说，是一种很大的损失。

教子心经

生活并不都是美好的，正如天气不可能永远风和日丽一样，父母也不可能陪伴孩子一辈子。因此，父母最明智的选择，应该是尽早让孩子了解到生活的辛苦，社会的复杂，并让孩子去接受生活的磨炼，不断提高孩子对挫折的承受能力和应对能力。

把孩子“扔”到社会实践中去磨炼

教育家苏霍姆林斯基曾说过：“让孩子动手，亲自参加实践，吃点苦，受点累，不但可以探究知识的奥秘，培养创造能力，而且有利于坚强意志和吃苦耐劳精神的养成。”让孩子到社会中去，参与各种社会实践，在增长孩子见识、提高孩子动手能力的同时，还能增强孩子对挫折的承受能力和应对能力，这是提高孩子逆商的一个有效方法。

韩国男孩小贤的家在首尔，他和爸爸妈妈住在那里，但爷爷奶奶住在首尔郊外的乡下。每到假期，小贤都要到乡下去住上一段时间。在乡下，他不仅要打理好自己的生活，自己照顾自己，还要照顾爷爷奶奶，学着做饭，给爷爷奶奶洗衣服，帮着爷爷奶奶干农活，特别是夏天的时候，他要做的事情就更多了。因为这样的锻炼，他很小的时候就学会了做饭，还学会了种玉米，种芸豆。他还在乡下结识了不少朋友，在他们的影响下，他变得勇敢开朗起来。

在韩国，像小贤这样的孩子还有很多。因为家长们都很重视提高孩子的动手能力，所以假期里，家长都会有意识地把孩子送到乡下去。他们认为这样不但能给孩子接触自然提供一个很好的机会，而且在乡下做农活的日子能让孩子变得更加勤劳和坚强。

小晨上初中了，他看到班上好几个男生都买了变速山地车，十分羡慕。小晨打听了一下，最便宜的也要六七百。他向妈妈请求道："妈妈，我想要一辆变速自行车。"妈妈没有直接回绝，而是建议他说："暑假快到了，你去打份工吧，一个月可以拿八百块钱，你的车不就有了吗？"小晨听了马上反对："我不想打工，多累啊！再说了，我还这么小！"妈妈说："你不小了，在国外，八九岁的孩子都可以给人当保姆或修剪草坪挣钱了。"

小晨想了想又说道："可是我要怎么找工作啊？我不会啊！"妈妈说："小区的宣传栏里，还有大街上的很多地方，你爸爸每天看的那些报纸上，都有很多的招聘信息，你可以试着找找看呀！"小晨看没办法说服妈妈，犹豫了半天，决定到街上去碰碰运气。

出乎他意料的是，他很快就在一家咖啡馆找到了一份服务员的工作，家里人都为他感到高兴。可是刚做了几天，小晨就苦着脸回来说不想干了。原来，为了保持形象，只要有客人在店里，所有的服务员就不能坐下，也不能随意聊天，几天下来，他觉得累得不行。还有一个原因是，由于一时疏忽，小晨不小心把咖啡洒到了客人身上，他赔礼道歉了，客人也表示原谅了，可店长还是狠狠地训了他一顿，他觉得很委屈。

妈妈耐心地听完后，建议他说："你再试试，再坚持一个星期。这个星期里，你每天都去发现一两件有趣的事情，然后回来讲给我们听。一个星期以后如果还是不行再放弃，好不好？”一个星期后，小晨再没有说过累的话，每天回到家都有说不完的故事。不仅如此，他还学会了体谅父母，学会了赞美别人：“妈妈，你辛苦了”“妈妈，你做的菜真好吃”“爸爸，你今天真帅”“爷爷长得真像寿星”……妈妈还发现，小晨的性格也随和多了，不再像过去那样动不动就发脾气，总是乐呵呵的。

假期结束了，小晨如愿以偿地买了山地车，他高兴极了，还对妈妈说：“妈妈，打工真有意思！我决定了，以后每个假期都要去工作！”

让孩子到社会实践中去经受挫折，能磨炼孩子的意志，增强孩子的耐挫力。孩子在参与社会实践的过程中，不可避免地要和他人接触，这可以很好地锻炼他的交际能力，培养自己大方开朗的性格。孩子体会到工作的辛苦，就能学会珍惜，学会感恩父母。另外，孩子参与社会实践，打工赚钱，还能增强孩子的理财意识，提高孩子的财商。可见，让孩子参与社会实践，对孩子的成长来说，有着很重要的作用。

假期打工不一定非要找又脏又累的活，可以鼓励孩子去找与自己兴趣相关的工作，让孩子在不断尝试的过程中，明确自己的理想和目标，并找到努力的方向。父母还可以鼓励孩子参加各种公益活动，既能锻炼孩子的能力，又能培养孩子的爱心。

教子心经

要想提高孩子的逆商，让孩子更好地融入社会，父母就要鼓励孩子勇敢地走出家门，去参加社会实践。只有舍得把孩子“扔”到社会中去磨炼，孩子才能在不断的尝试和努力下，磨炼出过人的社会适应能力，为他将来的发展打下坚实的基础。

把钱借给孩子，而不是白给孩子

如今，孩子在20岁左右，就要开始面对经济上的考验了。他会被铺天盖地的以信用卡、学生借贷和各种消费借贷形式出现的信用贷款所淹没。

一个孩子如果没有丝毫的借贷经验，那么在他长大成人之后，就很容易掉进信用消费的陷阱里而不能自拔。要么被债主追着讨账，要么做太多的抵押，要么让每一张信用卡都透支。总之，最终会弄得自己入不敷出。

孩子若是在未成年时就养成了良好的信用借贷习惯，在借钱之前他就会反复考虑："为了这个东西，使自己背上还债的负担，值得吗？"那么，他长大后就能从容地应对这个到处是信用消费的社会，他就会获得经济上的独立。

对孩子来说，他们还没有固定收入，纯粹是一个消费者，也不存在还债的能力。但是，家长要让孩子明白通过借钱把事情办成的道理，明白适当借钱是一种正常的消费理念。更重要的是，借钱以后要按照约定及时还钱，信守诺言。

这天，妈妈带着娜娜去逛街。在逛商场的时候，娜娜看上了一个洋娃娃，很喜欢，就想让妈妈买下来。妈妈没有同意，妈妈说："咱们今天出门的时候说好的，只买衣服，不买玩具。你要买玩具，就不能买衣服了。"娜娜听后，很不高兴，对妈妈嚷嚷道："不嘛，我要买洋娃娃，也要买衣服！”妈妈说：“你要买娃娃，你就得自己掏钱。”娜娜听后委屈地说道：“可是，妈妈，我没钱！”妈妈想了想建议道：“这样吧，妈妈可以借你，但是你得还给妈妈。你打算怎么还呢？”娜娜听后很高兴，歪着脑袋想了想，回答道：“你可以从我的零花钱里扣，每天扣一块，这样，一个月就能还清了！”

就这样，妈妈给娜娜买了洋娃娃，然后每天从她的零花钱里扣一块钱，一直到钱还清了为止。妈妈发现，娜娜对那个借钱买来的洋娃娃格外珍惜，而且在这一个月里，她总是不停地掰着手指计划着怎么花钱最节省，虽然每天少了一块钱，但她不仅没有不够花，还节省下来不少。

家长借钱给孩子，孩子为了还债，就不得不进行收支的计算和安排，缩减花费，这样一来，不仅可以培养孩子遵守信用的品质，还能培养孩子的财商，一举两得。

值得提醒的是，家长若是答应借钱给孩子，最好与他签订一份借贷协议，通过借钱给孩子来促使他养成良好的借贷习惯。同时，家长借钱给孩子时，应注意下面这几个原则。

1.最高借贷额不应超过两个月的零用钱

家长每次借给孩子的钱不能太多，最好不要超过孩子两个月的零用钱。比如，如果父母每个月给孩子的零花钱是30元，那么给他的最高借款额就是60元。

2.还款期限应以两个月为宜

父母要始终记住一点，给孩子借钱的目的是让孩子养成自觉还款的好习惯。因此，约定的还款期限不能拖得太久，应以两个月为宜，不能影响到孩子的生活和学习。如果孩子抱怨时间太短，父母就要耐心地提醒他，既然签订了协议就应该按照协议来执行。

3.不允许孩子拖欠或抵赖欠款

家长借钱给孩子，就不能让孩子拖欠或抵赖，应该让孩子在规定的时间内归还。有的家长，当孩子找出各种理由试图拖欠或抵赖时，就会选择妥协，甚至直接免除了孩子的债务。家长这样做，不仅会让孩子养成拖欠甚至抵赖的坏习惯，也不能让孩子深刻认识到借贷是一种严肃的责任，他就有可能会在还没有考虑清楚的情况下去借贷，给他自己的生活和学习带来不必要的麻烦。

4.让孩子了解信用卡

家长要让孩子知道，信用卡是由银行发放的，用于识别有良好声望和地位的顾客的一张卡片。顾客可以使用它购物、消费，还可以凭借它超额使用银行里的存款，而透支钱实际上是向信用卡公司借钱。在这里，家长要让孩子明白，如果冲动购物，不在信用限额内使用信用卡，消费的时候超出一定范围，是要承担风险和责任的，从而让孩子懂得克制消费，不乱花钱。

在生活中，孩子借钱消费是一件比较遥远的事情，但作为理财教育的内容之一，家长要让孩子了解借钱的方式，更重要的意义在于让孩子确立守信的意识，注意维护个人信用。

教子心经

父母把钱借给孩子，在满足孩子愿望的同时，还能教给孩子一些借贷的相关知识，让孩子学会计划收支和理性消费。在这个过程中，还能培养孩子信守承诺的优秀品质。这些，对孩子将来走向社会，都是很有帮助的，不仅可以给孩子减少很多不必要的麻烦和挫折，还能让孩子能更好地适应社会。

给孩子设立一些必要的限制

大教育家陶行知指出："生活、工作、学习倘使都能自动，则教育的收效定能事半功倍。所以，我们要特别注意自动力的培养，使它灌注于全部的生活工作学习之中。自动是自觉的行动，而不是自发的行动。自觉的行动，需要适当的培养而后才可以实现。"

自觉性好的孩子，能把自己的生活和学习安排得妥妥当当，他们可以自己完成作业，自觉地复习功课，自己收拾屋子，自己洗衣服甚至做饭，就算离开父母，也能很好地照顾自己。自觉性好的孩子，遇到挫折时的表现明显要比那些自觉性差的孩子好，他们往往更能很快地冷静下来，认真分析原因，并及时地做出行动和调整。从这个角度来说，培养孩子的自觉性，也是对孩子进行挫折教育的一个重要内容。

在教育孩子的过程中，适当地给孩子设定一些必要的约束和限制，为孩子提供一些行为的准则，对孩子自觉性的培养是很有帮助的。为孩子设定合理的限制，也是父母对孩子表达关心和爱护的一种方式。当然，为孩子设立限制也不是任意的，父母应该注意以下几个方面。

1. 对重要的事情设立限制

孩子由于年龄和经验的限制，对很多事物的评价和认识并不完整，特别是在孩子尚未形成明确的是非观念时，有些限制对孩子来说，是很有必要的。例如：不能说脏话，不能故意弄坏同伴的玩具，不能从妈妈的钱包里随便拿钱，不能打人，不能撒谎，要尊重别人，要孝顺父母等。

但是，父母也要注意，给孩子设定限制的目的，是帮助孩子形成正确的是非观念，帮助孩子培养良好的生活习惯和行为习惯，而不是随意限制孩子的思想和行为。因此，父母不应该事事限制，父母如果对琐碎的事情也设立诸多的规则，就会给孩子造成压力和负担。

2.设立限制时要符合孩子的实际

父母给孩子设立限制时，应该问问自己，这些限定是否符合孩子的年龄特征和身心发展的规律，是否在孩子的能力范围之内，孩子通过努力是否能达到自己的期望等。比如，禁止 2 岁的孩子在吃饭时完全不说话就是不合理的，坚持让一个刚刚学会走路的孩子保持房间的整洁，或是在椅子上安安静静地坐上一个小时，也是不合理的要求。

3.修改限制以适应孩子年龄的变化

父母给孩子设立的限定，有些是不用改变的，对任何年龄段的孩子都适用。比如，要求孩子尊重他人，与他人友好相处，不能浪费粮食等。反之，有一些限制，却需要随着孩子年龄的增长，能力的增强而做出相应的修改和调整。比如，孩子3岁的时候，你要求他要待在院子里玩耍，不能单独跑到马路边去，不能到水边去玩耍等，这些要求对这个年龄段的孩子是很合理的，但是如果孩子已经长大了或超过了12岁，你还这么要求，就显得不合时宜了。

4.帮助孩子理解为什么要设立限制

如果孩子能够理解设立限制的原因，他就更可能与父母合作。父母千万不能粗鲁地告诉孩子："因为你是我生的，所以我说了算！"而应该花点时间，用孩子能够理解的方式，向孩子解释清楚，为什么这条限制是必要的。

比如，你可以指着电源插座告诉孩子："不要去碰墙上的插座，否则，你会受到伤害！"你甚至可以通过带孩子做简单的光电实验，让孩子直观地了解到不合理用电的危险，这样，孩子就更能执行父母给他制定的规则了。你还可以通过询问的方式，引导和鼓励孩子自己去思考自己行为的后果，帮助孩子更好地理解限制的必要性，从而更好地去接受这些限制，并很好地约束他自己的行为。

5.让孩子参与设立某些限制

小夜不喜欢学习，很贪玩，学习成绩很不好。放暑假了，爸爸决定要帮助他养成良好的学习习惯。爸爸对他说：“假期到了，你除了玩儿，是不是也该抽点时间复习功课呢？”小夜一听就不高兴了：“在学校的时候天天学，现在放假了，我想好好休息。”爸爸说：“休息可以，但是也不能把时间都花在玩儿上了。这样吧，你说说，如果要你每天都看会儿书，你能看多长时间？”小夜歪着脑袋想了想，说道：“最多40分钟，多一分钟都不行！”爸爸听后点点头，说道：“那咱们就这么说定了，每天睡觉前你得认认真真看40分钟的书，教材或是课外读物都可以。其他的时间，我也不管你！”小夜高兴地答应了。

整整一个暑假，小夜都遵守和爸爸一起制定的规则。40分钟的学习时间，对他来说并不算长，所以他能很好地投入进去，而爸爸督促他学习的目的也达到了。暑假结束后，小夜发现，自己竟然把上学期的所有功课都复习了一遍，还看了好几本课外书。新学期开始后，小夜觉得学习比以前轻松多了，学习兴趣也因此比以前更浓了，成绩也提高得很快。

可见，让孩子对针对他自己的限制提出自己的观点和意见，有利于推进孩子自信心的培养和自控能力的发展。

教子心经

自觉性好的孩子，做事情往往条理分明，积极主动，所以在面对挫折时，他们也更能冷静理智地思考，勇敢地迎接挑战。孩子的自觉性不是天生就有的，是需要后天逐步培养的。因此，在孩子的成长过程中，父母要有意识地为孩子设定一些限制，提高孩子的自觉性，培养孩子养成良好的行为习惯。

第三章 孩子自己的事，就让他自己去做

孩子需要一定的空间去成长，去提升自己的能力，去学会如何应对突发事件。如果父母凡事包办替代，就等于剥夺了孩子发展自己能力的机会，孩子就会变得不自立，就不能很好地应对成长路上的挫折和挑战。不轻易为孩子做他自己能做的事，教会孩子他应该做的事，才是父母爱孩子的最好方式。

父母不该事事包办替代

在日常生活中，有的父母太过于溺爱孩子，凡事包办替代，生怕孩子受到一点儿伤害。著名教育家蒙台梭利认为，家长采取包办替代的教育方式，看起来是为孩子营造了舒适的环境，实际上却剥夺了孩子独立成长的机会。生活中，不少孩子缺少自主能力，缺乏独立精神，性格懦弱，完全没有能力应对生活学习中的各种问题，这些都是家长凡事包办替代造成的。

小洋的父亲是一所名牌中学的校长，因为小洋是“老来子”，父母从小就很宠他，除了学习，他几乎什么都不用做。小学毕业后，小洋以优异的成绩考上了父亲任职的名牌中学。这个学校上体育课时，都会要求学生们换上运动鞋。这么一件简单的事情，对小洋来说却是个不可能完成的任务，因为他从来没有自己做过。父亲在不远处看着不知所措的儿子，急得团团转，可是身为校长，他不可能再出面替儿子系鞋带。最后，父亲私下找到了儿子班上的一位班干部，请他每次上体育课前，都帮儿子系鞋带。

不可否认，这位中学校长是爱孩子的，可是他爱孩子的方式过于盲目，事事照顾周全，孩子没有了成长的空间，连鞋带都不能自己系，将来进入社会又怎能独立生存呢？

国内某高校的一位大学生，在考取出国留学的奖学金后，却因焦虑过度而精神失常了。原来，家里就她一个孩子，从小备受宠爱，衣来伸手，饭来张口，甚至上了大学，父母还要每周到学校去为她料理生活。一想到自己将要独自一人出国求学，无人照顾，她便忧心忡忡，焦虑不已，最后到了精神失常的地步。后来，这个学生的家长对记者说了一句令人深思的话："我们一心一意地爱她，凡事为她着想，谁知却害了她！"

父母凡事包办替代，就会让孩子养成依赖的习惯。过分依赖父母的孩子，没有独立的精神，一旦需要离开父母，他们就会感到手足无措，无所适从。父母凡事包办替代，还会剥夺孩子自主选择的权利，孩子缺乏主见，就会倾向于消极的等待，而不会积极地行动和进取。另外，父母凡事包办替代，就不能让孩子清楚地认识到自己的责任，凡事推卸责任，孩子就容易形成懦弱的性格。所有的这些，都会变成孩子将来获取成功的障碍，对孩子的健康成长和人际交往也是极为不利的。

父母总会有老去的一天，孩子最终都要离开父母的怀抱，独立走向社会，去面对各种各样的问题和挑战。只有教会他们生存的技能，培养他们独立生活的能力，他们才能打理好自己的生活，逐步成长为社会所需要的人才。

美国心理学家戴尔认为："孩子需要一定的空间去成长，去验证自己的能力，去学会如何对付危险的局势。不要为孩子做任何他自己能做的事。如果我们过多地做了，就剥夺了孩子发展自己的能力的机会，也剥夺了他的自立及信心。"可见，放手让孩子去做自己能做的事，教会孩子去做他应该做的事，这才是父母爱孩子的最好方式。

心理学研究表明，孩子其实是喜欢自己做事情的。"请帮助我，让我自己做”是每一个孩子成长的心声，父母应该顺应孩子的天性，鼓励孩子大胆地动手去做。放手让孩子自己做，给孩子创造动手实践的条件，遇到问题先让孩子自己动手解决，多给孩子一些耐心和鼓励，孩子就能在一次次的尝试中得到锻炼，并从一次次的成功体验中增强自信心。这样一来，孩子在掌握生存技能的同时，还会变得独立、勇敢和坚强，也会有面对困难和挫折的勇气。

父母要始终记住一点，没有什么比父母的帮助更有效果，也没有什么比孩子本身更有力量。孩子的人生之路，最终总要靠他自己去走，让孩子独立，教会孩子生活的本领，比什么都重要。

教子心经

著名教育家陈鹤琴先生曾提出：“凡是孩子自己能做的，应该让他自己去做；凡是孩子自己能够想的，应该让他自己想。”事事包办替代，只会让孩子养成依赖的习惯，只有放手让孩子去做，孩子才会变得独立、坚强，才能激发出孩子的潜能，孩子才能勇敢地面对困难和挫折。

让孩子学会打理自己的生活

让孩子自己打理生活，就是要让孩子为自己服务，学会自己照顾自己。学会生活自理，是对每一个孩子的一项基本要求。然而，现实生活中，不少中小学生，甚至不少大学生，缺乏生活自理能力已经是一个不争的事实。

魏永康曾被人们称赞为“东方神童”。这位神童13岁时就完成了小学至高中的全部课程，以优异的成绩考入湖南省湘潭大学；4年后又以总分第二的成绩考入中科院高能物理所，硕博连读。然而，让所有人都没想到的是，中科院竟以魏永康不能适应研究生学习为由，劝其退学。

事实上，学校之所以做出这样的决定，不仅是因为魏永康不能适应研究生的学习，更为重要的是他缺乏生活自理能力，不能很好地打理自己的生活。魏永康从出生到去中科院念书之前，一切与生活自理有关的“活”全都让母亲包揽了。二十多岁的魏永康，吃饭、穿衣、洗脸、洗澡甚至连端碗都仍需要母亲的帮助。

连自己的生活都不能自理的人，将来又怎么能立足社会，有所作为呢？孩子迟早要离开父母独立生活，从小培养他们的独立意识和自理能力，才是对孩子真正的爱护。

那么，家长应该怎样让孩子自己打理生活，培养和提高孩子的自理能力呢？

1.让孩子学会为自己服务

父母可以根据孩子的生理发展特点，逐步提出要求，从易到难，从简到繁，让孩子一步步地学会打理自己的生活，为自己服务。比如，3岁的孩子，可以让他自己洗手、洗脸、刷牙、吃饭等；4岁的孩子则可以开始学习折叠被子、整理床铺以及打扫房间等；五六岁的孩子应该能迅速打理好自己的个人衣着和个人卫生。此外，还要逐步教会孩子做一些简单的家务。

为了让孩子有自理的意识，父母要有意识地为孩子创造条件。比如，最好让孩子有自己的小床、小被子；衣服要放置在低矮的衣橱里，便于孩子取放；洗脸盆要小而轻便，洗脸巾要短且薄等。

2.让孩子保管好自己的东西

孩子或多或少都有一些自己的物品，如玩具、书本等。让孩子自己把它们收拾好，放在他觉得合适的地方，不要让孩子把这些物品到处乱扔。如果孩子找不到某样东西，别急着去帮孩子寻找，让他回想放在什么地方了。孩子可能会因一时找不到而哭泣，但是他会慢慢吸取教训，下次就会注意把东西放在一个固定的地方。

3.让孩子做你的助手

父母在做家务时，可以让孩子做自己的助手。比如，打扫房间时，可以让孩子帮忙扔垃圾；修理水龙头时，可以让孩子帮忙拿工具；做菜时，可以让孩子帮忙择菜、洗菜等。这样不仅会让孩子有劳动的意识，还能让他意识到自己也是家里的一员，也可以帮助家里做一些事情，可以增强孩子的参与意识和自豪感。

孩子在帮父母做事的过程中，还可以观察父母做事的具体步骤和具体方法，父母也可以在此过程中，教会孩子一些基本的技巧。孩子自己动手时，就会容易很多，孩子的积极性自然也就提高了。

4.让孩子自己检查作业

当孩子进入小学后，家长要注意，不要替孩子写作业或者检查作业，因为孩子应该自己去完成这些事情。一旦家长帮助孩子检查作业，孩子就会养成依赖的习惯，甚至不认真完成作业，不动脑筋思考，一心等着父母的指导和纠正，这对培养孩子的学习能力是很不利的。

5.要多鼓励和表扬孩子

由于孩子年龄小，认知水平还不高，考虑问题不周全，能力不足，在做事的过程中，难免会出现一些失误。父母不应因此就指责笑话孩子，更不能惩罚孩子，而应首先鼓励孩子做得对的地方。对于孩子有失误的地方，要帮助他分析原因，找到问题所在，以提高操作技能和水平。这样的教育方法，不仅可以锻炼孩子的自理能力，而且还能极大地增强孩子的自信心，对孩子将来独立面对困难，正确认识挫折，也有积极的作用。

另外，父母还应该做好表率作用，言传身教并重，孩子就能在父母的帮助和鼓励下，一步步走向独立，认真打理好自己的生活。

教子心经

孩子只有自理才能自立，从小培养他们的独立意识和自理能力，是为人父母者应尽的职责，也是对孩子真正的爱护。孩子只有先学会照顾自己，打理和安排好自己的生活，才能有勇气和能力去应对成长中的各种困难和挫折，也才能不断地提高自己。

提高孩子的自主选择能力

有一位心理学工作者，曾到一所中学调查中学生的自主性状况。在被调查的学生中，当被问到在学习和生活中遇到难题，一时解决不了该怎么办时，所有被调查的学生几乎都异口同声地回答："有困难当然是找父母解决了！"他们当中没有一名学生的答案是：自己先想办法解决，实在解决不了，再找父母帮助。当被问到今后准备从事什么职业时，竟有70%的学生说，要等回家问过父母后才能回答。

这位心理学工作者在总结他的调查结果时，不无忧虑地认为，缺乏自主性，对自我意识在选择中重要性的麻木，已是一些青少年综合素质的一个不容忽视的弱项。

人这一生，几乎无时无刻不在面临选择，一个不会自主选择的人，就不可能拥有面对困难和挫折的勇气和智慧。选择和责任是一对孪生兄弟，人的责任感是在自我选择中形成的，一个人没有选择的权利，只有被选择权，也就没有承担责任的意识。因此，自主选择，是孩子成长过程中的一项很重要的能力。

有的父母认为，孩子长大懂事后，自然而然就知道自主选择了。这样的想法是错误的，孩子的自主选择能力需要从小开始培养，只有这样，孩子才会养成遇事自己思考，自己拿主意的好习惯。

那么，怎样才能提高孩子的自主选择能力呢?

1.相信孩子能处理好自己的事

很多父母不放权给孩子自由选择，就是因为对孩子没信心，害怕他们会做错事。父母这样的态度，往往导致孩子对自己也没信心，做事畏首畏尾，甚至为了避免犯错误干脆就不去做。其实，对孩子来说，最好的关心和鼓励莫过于父母的支持和信任。父母要相信孩子可以处理好自己的事情，放手让孩子自己去选择，做决定，这样一来，孩子才会在父母的期待和信任中，一点点成长起来。

2.给孩子创造选择的机会

选择的意识不是天生的，是需要后天的引导和培养的。父母在孩子小的时候，要有意识地多给孩子创造选择的机会，帮助孩子培养自主选择的意识。比如，做饭前，告诉孩子你可以准备的菜，让孩子来选择吃什么；出门前，让孩子自己选择要穿的衣服；睡觉前，让孩子自己选择想听的故事等。生活中，总会有这样那样的选择，只要父母留心，就能随时随处为孩子创造选择的机会。

3.“袖手旁观”孩子的选择

一个妈妈带着儿子到超市买饼干，妈妈对儿子说：“儿子，你自己挑吧！”儿子一听高兴极了，直接拿起了最爱吃的巧克力饼干。可是，还没等儿子把饼干放进购物筐，就被妈妈制止了：“不行，巧克力的太甜了。”于是儿子退而求其次，拿起夹心饼干，妈妈依旧拒绝：“不行，夹心的吃得到处都是。”最后，儿子干脆拿起了最简单的一种，心想：这下妈妈应该没话说了吧。结果妈妈却说：“这个不好吃吧……”儿子觉得委屈极了：“妈妈，你说过要我自己选的……”

孩子年纪小的时候，由于知识和经验的局限，在某些事情上，可能会出现错误的判断，在做选择的时候，难免会出现偏差。但是，父母不能因此就随意参与到孩子做选择的过程中去干涉孩子的决定。因为，这种错误对孩子来说是可以理解的，也是必要的，他们需要从这些错误中吸取教训。如果孩子没有足够的自由发展空间，没有足够的时间，那么，将来他们在需要做出自主选择的时候，就很可能束手无策。所以，当孩子进入选择程序后，父母就应该“袖手旁观”，放手让孩子自己做决定。

4.适时地为孩子提供必要的帮助

自主选择并不是让孩子进行盲目的选择，在孩子进行重大决定时，父母可以帮助孩子收集资料，了解和熟悉各个选项，这有助于孩子进行科学的筛选。父母的引导和帮助，也为孩子将来独立做出重大决定提供了榜样和借鉴，让孩子懂得在面临重大选择时，要三思而后行，不可冲动行事。

5.尊重孩子的决定

“你来选择”、“你来做决定”，这样的话会让每一个孩子感动，因为自己选择，做出自己的决定，这是孩子们引以为傲的事情。然而，有的父母嘴上这么说，当孩子真正做出选择，而孩子的选择与自己的不一致时，却又总是控制不住地试图改变孩子的决定。父母把选择权交到孩子手里，却又不尊重孩子的决定，这不仅会打击孩子的积极性，也会失去孩子的信任。

既然让孩子自己选择，就要给孩子足够的自由和尊重。父母可以通过给孩子分析各方面的情况，给孩子一些中肯的建议，但是不要取代孩子的选择。即使孩子做了最糟糕的选择，也不要急着批评教导，先问问他的想法，可能的话让他为自己的决定负责。因为，孩子从自己的错误中学到的东西，永远比从父母的正确指导中学到的多得多。

教子心经

一位名人说过："命运不是机遇，而是选择。"只有学会自主选择，才能真正把握自己的命运。父母要从小灌输孩子自主选择的意识，并引导孩子自己做决定。父母要鼓励孩子自己做决定，并让孩子为自己的决定负责。只有这样，在遭遇挫折和失败时，孩子才能勇敢及时地做出正确的选择，从而更好地掌握自己的命运。

让孩子参与家庭劳动

教育家苏霍姆林斯基说过："体力劳动对于孩子来说，不仅是获得一定的技能和技巧，也不仅是进行道德教育，而且还是一个广阔无垠的惊人的丰富的思想世界。"在孩子的成长过程中，体力劳动和智力发展一样，起着不可低估的作用。它既能强健孩子的身体，磨炼孩子的意志，提高孩子的自我照顾能力，还可以促进孩子智力的开发。

曾任美国总统的艾森豪威尔，小时候家境并不富裕，他的父母从不溺爱孩子，他们从小就要求孩子们在学习之余还要做一些力所能及的家务，比如，做饭、打扫卫生等。

有一年，艾森豪威尔的弟弟染上猩红热，家里显得异常忙乱。父母都在忙着照顾生病的弟弟，两个哥哥也都在外面帮工，于是烧水做饭的事情自然就落在了艾森豪威尔的头上。

开始，妈妈手把手地教他怎样切菜、生火，每天吩咐他做什么饭，安排好后，他就在厨房里忙活开了。因为从来没有做过饭，他并不觉得辛苦，反而感到几分新鲜和有趣，所以做得极其认真仔细。但由于手艺不精，大家吃他的饭菜时常常皱着眉头。不过后来，他越做越熟练，大家的笑容也越来越多了。

父母的教育让艾森豪威尔从小就明白，只有依靠自己的劳动，才能改变和创造生活，并赢得别人的尊重。尽管很难让人把他的硬汉形象和做饭这样的琐碎事情联系到一起，但他确实是在做家务以及一些力所能及的劳动中学会了吃苦，学会了独立，一点点养成了吃苦耐劳、奋发向上的精神，最后修炼出了成功的潜质。

家庭教育家伊丽莎白·邦得里说："习惯于承担家务的孩子，在走向成年的过程中，往往比那些缺乏这种体验和责任感的孩子更容易适应生活。"让孩子参与家庭劳动，培养孩子爱劳动的习惯，是孩子独立过程中一个不容忽视的重要方面。在日常生活中，父母要有意识地让孩子参与家庭劳动。

1.营造劳动光荣的家庭氛围

培养孩子热爱劳动，勤于劳动的品质，需要一个以劳动为荣的家庭氛围。如果父母自身好逸恶劳，时常抱怨劳动脏、累，是一种低贱的事，孩子也会本能地排斥劳动。因此，父母要为孩子做出表率，要用自己的行动向孩子灌输劳动光荣的思想意识。

2.教孩子做家务要从小抓起

孩子小的时候，许多父母总是舍不得让他一起参与家务，等孩子大了，再来培养孩子的习惯，就不那么容易了。因此，教孩子做家务要从小抓起，父母可以根据孩子年龄和身心发展状况，有计划地交给孩子做一些力所能及的事情。比如，让3岁的孩子自己收拾玩具，擦干净自己弄脏的东西；让4岁的孩子帮忙摆好碗筷，整理床铺，倒垃圾；让5岁的孩子打扫房间的卫生，收拾碗筷，接电话；让7岁的孩子给花木浇水，用微波炉热食物或做简单的事物；让9岁的孩子自己换床单，去超市购物，招待客人等。任何习惯的养成都有一个过程，循序渐进，才不失为明智的选择。

3.让孩子体会到劳动的快乐

安排孩子做的家务要富有趣味性。如，帮忙摆放餐具时，可以让孩子摆放一些色彩鲜艳或有图案的桌垫、餐巾纸等；给孩子准备一个贴有米老鼠的衣橱，让孩子把干净的衣服都收拾到衣橱里；还可以给孩子设定一个任务，约定完成任务后给孩子一定的奖励等。这样，做家务对孩子来说就不是一件枯燥的事，就能很好地调动孩子的积极性。

4.教给孩子一些相关的劳动技能

做家务需要掌握相关的劳动技能，父母应耐心细致地给孩子讲解并示范，让孩子了解到怎样做和为什么这样做。比如，让孩子擦桌子时，要教孩子挽起袖子，以免弄湿衣服；擦桌子时应该顺着一个方向，整个桌面都要擦到；告诉孩子洗抹布时，不要把水洒得满地都是，以免让人滑倒等。这样边示范边讲解，让孩子看清听懂，他才会照着去做，并逐步掌握这些技能。

5.督促孩子养成持之以恒的习惯

要求孩子做家务千万不能想起就做一阵子，而要将孩子每天需要完成的家务固定下来，督促孩子切实地执行。在这个过程中，父母要多鼓励孩子，鼓励他们勇敢地去克服困难，坚持到底。只有这样，才能培养孩子的责任意识，也才能帮助孩子养成良好的习惯。

教子心经

英国有句谚语："一个懒惰的少年，将来就是一个褴褛的老人。"让孩子参与家庭劳动，可以提高孩子的自主生活能力，让孩子从劳动中学到一些生存的技能和本领，还能很好地磨炼孩子的意志，增强孩子对挫折的承受能力。这些，对孩子的健康成长都是很有利的。

提高孩子的动手能力

动手做事是孩子成长的基础，也是开发孩子智力的前提条件。美国哈佛大学的一些社会学家、行为学家和儿童教育专家，曾经对波士顿地区400多名少年儿童进行了长达20年的跟踪调查。调查结果表明，动手能力强的孩子与不爱动手的孩子相比，长大后的失业率为1∶15，犯罪率为1∶10，平均收入要高出20%左右。这个调查虽然有一定的局限性，但是也从某些方面证明了，孩子的动手能力与孩子的成才有着密切的关系。

俗话说“心灵手巧”，灵巧的手是一个人大脑发育良好的标志之一。心理学研究表明，动手操作能力对人的大脑机能和智力发展有着重要的促进作用。父母应该从小就注意孩子动手能力的培养，让孩子通过学习和锻炼，拥有一双灵巧的手。

1.改变爱的方式

幼儿园开家长会，老师特意向孩子的父母布置了一项家庭作业——教会孩子剥鸡蛋皮。一位妈妈听完后，在下面小声地说：“这多为难孩子啊！我家儿子还不知道鸡蛋长什么样呢！”老师觉得很奇怪，孩子都这么大了，怎么会不知道鸡蛋什么样子呢？那位妈妈继续说道：“我总怕煮鸡蛋的蛋黄会噎着孩子，到现在还一直只给他吃鸡蛋羹。”听了她的话，在场的老师和父母们都吃惊不已。

这位妈妈这样细致入微的疼爱和照顾，实际上在不经意间让孩子失去了动手学习的机会，最终只会害了孩子。要培养孩子的动手能力，家长就要更新爱的观念，改变爱的方式，把学习的机会交给孩子，培养孩子的自理能力以及对外界的适应能力，这才是对孩子理智的爱、真正的爱。

2.为孩子提供动手的材料

父母要为孩子提供一些动手的材料。父母可以为孩子购买一些操作性强的玩具，比如，橡皮泥、拼图、积木、拼装玩具、沙石等。这些玩具，使孩子既动手又动脑，在动手时还能学会和掌握一些技巧，能很好地激发孩子的兴趣。另外，在这个过程中，还能很好地提升孩子专心去解决问题的能力，能有效延长孩子的专注时间，这些对孩子将来的学习和工作都是极为有利的。

3.有意识地训练孩子使用简单的工具

人类比其他动物聪明，是因为会制造和使用工具。父母不应该因为害怕孩子在使用工具的过程中可能会伤害到自己，就阻止孩子接触和使用工具，而应该有意识地训练孩子使用一些简单的工具。可以给孩子准备一个工具箱，里面放上尺子、小剪刀、小螺丝刀、针线等工具，鼓励孩子用这些工具进行创造，比如，让孩子用剪刀剪纸，用针线给布娃娃制作一件衣服，用小螺丝刀修好旧玩具等。这样一来，不仅能提高孩子的动手能力，还能让孩子掌握一定的技能。

当然，使用工具需要有一个过程，开始的时候，父母要手把手地教，即使孩子掌握了使用方法，最初的几次，也应在一旁进行指导。另外，父母还要告诉孩子怎样防止工具伤到自己，比如，在使用小刀、针、剪子时，一定要坐在指定的位置上，不能拿着工具乱跑，更不能直接对着别人，使用完了以后，一定要放回工具箱等。

4.多带孩子到大自然中去

农村的孩子动手能力一般比城市的孩子强，这很大程度上是因为，农村的孩子接近大自然，大自然给他们提供了许多丰富的动手材料。因此，父母可以选择在周末或节假日，多带孩子到大自然中去，除了可以享受阳光和新鲜的空气外，还能让孩子动手参与更多的活动。比如，可以和孩子一起玩沙，堆城堡，盖房子；还可以让孩子自己动手采集一些植物的叶子，捕捉一些小昆虫，告诉孩子这些动植物的名称和特性；回到家后，鼓励孩子把捕捉到的昆虫做成标本，把采集的树叶夹在书中做书签等。

大自然为孩子提供了丰富的材料，是激发孩子想象力和创造力，提高孩子动手能力的最佳场所。另外，多带孩子亲近自然，还能让父母放松自己的心情，很好地增进亲子关系。

教子心经

在孩子成长的过程中，不仅要让孩子学习书本上的知识，还要注意培养孩子的动手能力。动手能力能很好地促进了孩子的大脑发育，提高了孩子的智力。动手能力强的孩子对环境的适应能力也更强，更能应对成长中的各种困难，从而成才成功。

孩子的兴趣爱好让他自己说了算

联合国大会颁布的《儿童权利公约》指出："尊重孩子的兴趣就是尊重孩子的人格，这是孩子应有的权利。"可是，在现实生活中，很多孩子的兴趣爱好，都是父母以个人的愿望代替孩子选择的，孩子没有一点发言的权利。这不仅违背了教育学原理，也不符合孩子的心理特点，还会严重损害孩子的积极性。

有一位父亲，自儿子两岁起就逼他学艺，他每天都要严格规定儿子必须做什么，不准干什么，如果儿子不听话，他就狠狠地揍儿子。在父亲的教育下，儿子每天的时间都被安排得满满的，总在不停地学习、练习。

儿子终于成长到10岁，父亲的教育也取得了一定的成绩，儿子不仅弹得一手好琴，还画得一手好画，写得一笔好字。儿子的一幅画着许多自由飞翔小鸟的图画，还在当地一个颇有名气的比赛中得了一等奖。父亲洋洋得意地说："这真是我的荣耀！可见我10年的工夫没有白费。"

可是，有一天，父亲却突然看见儿子作的一幅画：一只乖巧的小羊在弹琴，一个大灰狼龇牙咧嘴地站在钢琴旁边，说："你得一直弹我爱听的曲子，不然，我就吃掉你！"父亲这才恍然大悟：原来自己在儿子眼里，一直是龇牙咧嘴的大灰狼，儿子是被逼无奈的乖巧的小羊，而天空中自由飞翔的小鸟，才是儿子一直以来的梦想。

兴趣爱好本来就带有浓厚的个人色彩，每个孩子都有选择自己兴趣爱好的权利。父母不应该把自己的想法强加给孩子，而应该尊重孩子的选择。只有让孩子自己选择兴趣爱好，才能最贴近孩子的内心，也才能最大限度地激发孩子的热情和潜能。

大画家毕加索小的时候不喜欢上课，课堂上老师讲的东西让他觉得枯燥乏味。每堂课他的眼睛总是盯着老师头上的挂钟，盼望那指针能走快一些。

“老师，我要上厕所。”毕加索请示到。

“不是刚上课吗？”被打断讲课的老师很不耐烦，“去吧！去吧！”

毕加索走出教室，东瞅瞅，西看看，实在无处可去，便又走回了教室。但没过一会儿，他又坐不住了：“老师，我能为你画像吗？”他脱口而出。

“什么？你要给我画像？”老师气坏了，瞪着他说，“去吧，去吧，上厕所去吧！”

毕加索在课堂上捣乱的事被父亲知道了，父亲并没有批评他，而是认真地问他：“孩子，你真地想画画？”

毕加索说：“是的，我讨厌上课，只想画画！”

父亲说：“好吧，我送你去学画画，但是，你要答应我除了学画画，其他的科学文化知识也不要拒绝学习。”就这样，父亲把毕加索送到了当地有名的美术学校。对于美术，毕加索所表现出的耐力是惊人的，他可以一连画几个小时不放画笔，与在小学课堂上的表现判若两人。看到孩子对美术所表现出来的热爱，父亲便决定让毕加索一直在美术学校学下去，不再把他送到那个他只想旷课的学校。

父亲的尊重和自己的努力，让毕加索成了当代西方最具创造性和影响最深远的艺术家之一，他一生创作的作品近37000件，包括：油画1885幅，素描7089幅，版画20000幅，平版画6121幅，他和他的画作在世界艺术史上占据了不朽的地位。

爱因斯坦曾说：“兴趣是最好的老师。”我国古代著名教育家孔子也曾说过：“知之者不如乐知者，乐知者不如好知者。”孩子的兴趣爱好应该让孩子说了算，父母应该在给予充分尊重的前提下，适当地加以引导，让孩子在兴趣地指引下，享受到更多的乐趣，同时也学到更多有用的知识。

教子心经

没有兴趣爱好的人，只能为了生存而复制这个世界，不会去创造出神话。每一个孩子都是与众不同的，都有权拥有自己的兴趣爱好。父母应该尊重孩子的兴趣爱好，不应该横加干涉，甚至无理剥夺。

适当地让孩子去冒冒险

现在的孩子多为独生子女，父母的过度保护让孩子逐渐失去了探求未知事物的勇气。不少孩子只要离开父母，就会变得胆小——害怕独自在家，害怕一个人睡觉，不敢走夜路，不敢与人交往……专家指出，孩子这种以怕为主调的性格，如果不及时调整，势必会给孩子的一生都投下阴影，影响孩子的健康成长。

确实如此，孩子在成长的过程中，总会遇到这样那样的挫折和失败，如果孩子总是心怀恐惧，就会把内心的痛苦和失落无限放大，压得自己喘不过气来。这样一来，孩子就会变得脆弱，经不起一点风雨，更别谈勇敢地面对挫折和失败，迎难而上，战胜困难了。

有这样一句名言："你若失去了财产，你只失去了一点；你若失去了荣誉，你就丢掉了许多；你若失掉了勇气，你就把一切都失掉了。"在这个世界上，成功者往往是那些愿意尝试，敢于冒险的人。成长的路上，充满了困难和挑战，父母不可能永远陪在孩子身边，很多事情总是要孩子自己去面对。因此，适当地让孩子去冒冒险，鼓励孩子勇敢地去尝试，去挑战自我，不断提高孩子的耐挫力以及解决问题的能力，这才是为人父母者最明智的选择。

要让孩子变得勇敢，光靠口头说教是不行的，父母需要给孩子适当的冒险机会，让孩子在实践中得到锻炼和考验。具体来说，父母可以多注意以下几个方面。

1.在孩子面前要表现得勇敢

孩子小的时候，对事物的判断和印象在很大程度上会受到父母的影响，因此，要让孩子变得勇敢，父母首先要勇敢。

这天，妈妈带强强到公园里玩。强强和几个小朋友在草坪上玩，妈妈则在一旁和别的家长聊天。没一会儿，强强突然笑嘻嘻地来到妈妈身边，把胖胖的小手伸到妈妈面前，献宝似的摊开手掌。妈妈这才看见，一条青色的大肉虫正在强强的掌心里拼命地扭动。“啊！”妈妈脸色惨白地尖叫起来，拉着强强的手拼命地甩着，直到那条青虫再也没有了身影，这才放下心来。可是，强强却被妈妈的举动吓得“哇”的一声大哭起来，浑身颤抖，后来甚至还发起了高烧。自那以后，强强见到虫子就怕，见到草坪也会远远地避开。

有句古话说：“初生牛犊不怕虎。”孩子天生就喜欢冒险，在不了解事物的危险性之前，孩子总是无所畏惧。可是，如果父母有意无意在言谈举止中夸大事物的危险性，就会吓到孩子，影响到孩子对事物客观地认识和判断，扼杀孩子的天性，甚至会给孩子带来心理阴影。因此，要让孩子变得勇敢，父母就要成为孩子的榜样，为孩子做出表率。

2.多给孩子一些鼓励和赞赏

冒险是孩子的天性，父母首先要理解孩子的冒险行为，不应该随便阻止，而应该多给孩子一些鼓励和赞赏。孩子在冒险的过程中，可能会遇到这样那样的困难，这时候，父母应该鼓励孩子积极地去探索，去思考，让孩子勇敢地去战胜困难。当孩子通过自己的努力完成冒险时，父母也应该及时地予以表扬和赞赏。父母的鼓励和赞赏，能很好地鼓舞孩子的斗志，增强孩子的冒险精神，也能让孩子在一次次的冒险中，不断积累经验，提高解决问题的能力。

3.让孩子认识到冒险的性质

冒险前，父母有必要让孩子了解冒险行为的性质，帮助孩子做好冒险前的心理准备。父母应该告诉孩子，冒险有理智和盲目两种，盲目的冒险会带来伤害，是不应该随便去尝试的。家长可以通过一些简单的方法，与孩子一起试验，让孩子知道父母担心的原因。如孩子很想知道电和火的威力，父母可以与孩子一起做实验，让两根电线相碰发出火花，让火烧掉孩子剪下的头发或指甲，孩子一方面得到冒险的满足感，懂得了不少知识；另一方面也让孩子看到了电和火有一定的危险性，在使用的时候应该小心。

帮助孩子认识冒险的性质时，父母一定要注意自己的语气和措辞，不要因为担心孩子，就过分夸大或强调所带来的危害，以免造成孩子内心的过分恐惧和担心。

4.教给孩子应变的知识和技能

父母在鼓励孩子勇敢去冒险的同时，还应该交给孩子一些基本的应变知识和技能，帮助孩子在发生危险时进行简单的自我救助。比如，家长要告诉孩子在遇到火灾、坏人绑架时，要注意些什么，怎样进行求助；在受伤的时候应该采取什么样的措施才能防止伤势进一步恶化，怎么做能防止伤口感染等。

孩子这一生，总会有遇到困难和危险的时候，逃避始终解决不了问题，父母也总有离开孩子的一天。与其把孩子密不透风地保护起来，不如从小就培养孩子面对困难的勇气，交给孩子一些求生的技巧，更好地帮助孩子面对危险，走出困境。

教子心经

达尔文曾说："我必须承认，幸运喜欢照顾勇敢的人。"勇敢和冒险总是紧密相连的，只有在不断的冒险中，孩子才能获得像金子一样宝贵的优良品质——勇敢。适当地让孩子去冒险，可以不断提高孩子的适应能力和应变能力，锻造出孩子乐观积极的心态。有了积极的心态，孩子才能勇敢地去面对和战胜成长中的困难和挫折，自信坚强地成长。

让孩子自己选择朋友

有教育专家指出，让孩子拥有自己的朋友，比拥有好的学习成绩更重要。每一个孩子在成长的过程中，都是需要朋友的，都应该拥有自己的朋友圈。孩子只有有了自己的朋友，才会有更多的生活体验，并在与朋友相处的过程中，学会关心和帮助他人，学会为人处世的道理，也才能拥有健康的人格。

"近朱者赤，近墨者黑"，被大多数父母视为金科玉律，父母都很关心孩子的交友问题，生怕他们交上了坏朋友，影响孩子的健康发展。父母的关心和担忧是可以理解的，也是必需的。

但是，父母不能因此就盲目限制子女交朋友，甚至剥夺子女选择朋友的权利，自作主张地为孩子选择朋友。这样的做法并不能从根本上解决问题。聪明的父母会把选择权交到孩子手里，让孩子自己选择朋友，然后根据孩子的实际情况，适时进行引导和教育，帮助孩子构建良好的人际关系网，为孩子积累人生的重要财富。

1.让孩子自己去辨别

这个世界本来就有好有坏，有我们喜欢的人，也会有我们讨厌的人。教育孩子重在品格的塑造，要放手让孩子学会识别好坏，让孩子认识成长过程中可能出现的问题，懂得如何把握自己，帮助别人，这才是孩子面对未来社会的重要前提。

父母应该让孩子用自己的眼光去辨别，去选择朋友。如果父母为孩子选择朋友，那么孩子就不必发挥他的辨别力，也不必努力适应环境，而只需要被动顺从环境就可以了，这对孩子将来的发展是极为不利的。

2.让孩子自己解决问题

人与人之间的相处，总会产生矛盾和冲突，需要我们去协调和解决。学会正确处理朋友之间发生的问题，是孩子拥有良好人际关系的重要一步。

安安想和小朋友们一起玩游戏，可是，每次只要她走近，小朋友们总会嫌弃地看着她，然后商量着换个地方继续玩。小朋友们总是笑话她："你妈妈对你好，你找你妈妈玩去，我们不跟你玩！"原来，安安的妈妈总是不放心她，每次她和小朋友玩的时候，妈妈都要在旁边，孩子们一有争执，妈妈就会冲上前去询问，动不动就批评其他的孩子。时间长了，大家都不愿意和安安玩了。安安觉得很委屈，可妈妈却对她说："那些都是坏孩子，总是欺负你，以后别跟他们玩了！"

当孩子与朋友发生矛盾时，父母不应该随便进行干涉，甚至认为这是因为"志趣不相投"引起的，并因此出面把孩子的朋友轰出局。家长这样做，只会让孩子失去了积极解决问题的机会。孩子有自己的思想和原则，当问题发生时，他也会积极思考，想出一套自己的解决方案。家长应该尊重孩子，孩子没有求助之前，尽量给孩子时间，让孩子用自己的方法解决问题。

3.为孩子创造交友条件

父母可以把孩子的朋友请到家中来玩，还可以参与到孩子的活动中去。孩子缺乏朋友的时候，可以带孩子一起外出旅行或者一起参加某项活动来扩大孩子的交友范围。父母不应该总是盯着孩子的学习，不要总让孩子待在家里，应该多带孩子走出家门，让孩子有更多的机会去结交朋友。

4.适当引导孩子交朋友

让孩子自己选择朋友，并不是让父母放手不管，任孩子自由发展。孩子还小，辨别是非的能力还很差，父母在孩子交友的过程中，要教给孩子一些是非观念，让孩子明白哪些行为是不好的，哪些事情是不应该做的。当孩子遇到困难向父母求助时，父母应该对孩子表示关爱，并和孩子一起讨论，分析问题产生的原因，一起找出解决问题的方法。

教子心经

“在家靠父母，出门靠朋友”，孩子的成长离不开朋友，孩子将来的发展和成功更离不开朋友。学会自己选择朋友，学会与朋友和谐相处，也是孩子走向独立的一个重要方面。父母要放手让孩子自己选择朋友，并适时给予引导和帮助，让孩子在享受友谊快乐的同时，建立起自己的朋友圈子，为孩子将来的发展积累重要的人生财富。

不要做孩子的陪读父母

在很多家庭，有一种生活正在快速传播，这种生活叫“陪读”。家长每天除了上班，还要陪孩子写作业，检查作业并签字，给孩子听写生字，陪着预习课文；周末带孩子上辅导班，家长则要“候”上大半天；还有的家长甚至不惜放弃工作，专职陪读；有的甚至举家搬迁，另谋生计，只为孩子求学……这样的“家长陪读潮”范围也越来越广，不仅小学生读书要陪，初中生要陪，就连高中、大学阶段的陪读现象也已不是个案。

孩子小的时候，自觉性差，好的学习习惯尚未养成，这时候，家长的督促和帮助是必要的。但是，学习始终是孩子自己的事，孩子只有通过自己的思考和努力，才能真正掌握知识，才能不断提高自己的学习能力。教育专家指出：“过度陪读的结果往往是，既苦了家长自己，更害了孩子。”家长如果不能适时抽身，把学习的主动权还给孩子，必然会给孩子的学习和成长带来极为不利的影响。

1.过度陪读容易造成“能力缺失症”

有的家长之所以选择陪读，是因为孩子的生活自理能力差，不放心孩子的生活。然而，人的社会能力，几乎都是后天形成的，而逐级的学校教育，都是让孩子形成和完善这种能力的有利契机。如果家长总是不放心，要一路相伴，只会让孩子的能力日益弱化，甚至根本不具备自主生活的能力。

2.陪读不利于培养孩子坚强的意志

坚强的意志是孩子在克服困难的过程中逐渐形成的。学习本身就是一个不断克服困难的过程，因此可以说，学习的过程也是孩子意志锻炼的过程。如果学习时父母陪读的话，孩子就容易养成依赖心理，稍有困难就求助于父母。有的父母为减轻孩子负担，缩短孩子的作业时间，不仅会把答案和盘托出，甚至还会做孩子的“枪手”，替孩子完成学习任务。孩子缺乏自主思考，缺乏磨炼，不仅自主学习的能力得不到提高，也难以培养出坚强的意志。

3.陪读会分散孩子的注意力

沫沫上初三的时候，妈妈担心她贪玩管不住自己，便不顾沫沫的反对，在学校附近租了房子陪女儿读书。半年过去了，沫沫的学习成绩不仅没有上升，还呈现出下滑的趋势。更严重的是，沫沫还出现了失眠、头痛等症状，她不敢和妈妈说，怕引起妈妈的担心。巨大的心理压力严重影响到了沫沫的学习，最终，沫沫没能像妈妈希望的那样，考上重点高中。

不少父母认为，自己陪在孩子身边，孩子肯定能集中注意力学习。其实不然，父母在一旁陪读，常常会给孩子带来心理压力，孩子可能会因为担心无法达到父母的要求或是无法实现父母的期望而苦恼，无法全心全意地投入到学习中去。

4.陪读不利于良好学习习惯的养成

一般来说，从孩子从入学时起，学校都会根据孩子的情况，帮助孩子制定作息时间表，包括起床、吃饭、上学、玩耍、写作业等。只要孩子自觉按作息时间去做，就能逐渐养成良好的生活、学习和行为习惯。反之，处在父母督促之下，一切听从父母安排，孩子就会形成依赖心理，缺少自律，一旦无人督促便会无所适从。

对部分孩子来说，家长的陪读是必需和应该的。比如，一些年龄偏小的孩子，在习惯养成的初期阶段，家长的陪伴能让孩子的学习更加顺畅；有的孩子自控能力差，沉溺于网络或游戏，放松学习，这时候家长选择陪读，监督孩子认真学习，也会取得良好的效果。但是，家长要始终认识到一点，陪读的最终目的是为了不陪，是让孩子能独立、自信地学习。因此，家长陪伴孩子的过程中，应该把重点放在以下三个方面。

1.培养孩子的学习兴趣

兴趣是最好的老师，要想让孩子积极主动地学习，家长就要帮助孩子培养对学习的兴趣，调动孩子的积极性和自主性。要多鼓励和表扬孩子，允许孩子犯错，不要动不动就指责、打骂孩子。

2. 提高孩子的学习能力

家长陪伴孩子的过程中，要指导孩子逐步学会怎样独立地完成学习任务，不断提高孩子独立学习的能力。家长要重在引导、鼓励孩子积极主动地思考，教给孩子一些学习的方法，帮助孩子分解学习任务，制定合理的学习目标等，而不应该越俎代庖，做孩子的“枪手”。要让孩子认识到，学习是自己的事，要对自己的学习承担责任。

3. 是督促而非监管

孩子在学习过程中出了错，比如，精力不集中、作业没做对等，家长应态度和蔼地加以提醒或批评，对孩子进行耐心细致的启发和引导。假如有必要陪读的话，那么在陪读过程中，家长千万不要急于求成，指望孩子什么都会。要给孩子成长的时间和空间，不要变督促为监管，让孩子感到厌烦、压抑和焦虑。孩子有一个轻松积极的心境，才能充分发挥出学习的潜能。

教子心经

孩子才是学习的主角，因此，不要做陪读父母，而应该把学习的主动权还给孩子。家长应该及时转变自己的角色，要相信孩子有独自面对困难、战胜挫折的能力，把自己从一个监督者转变成一个欣赏者、喝彩者，多给孩子一些鼓励和表扬，引导孩子自觉主动地学习。

多给孩子独立思考的机会

在现实生活中，有的父母把一切事物都安排得十分妥帖周到，从来就没有想到什么是需要孩子自己去考虑、去想办法、去解决、去处理的。当孩子遇到困难时，父母常常不假思索就帮孩子把困难解决了。时间久了，孩子就养成了依赖的惰性，遇到困难，首先想到的是向父母求助，而不是自己主动地思考。父母的这种做法，实际上已经剥夺了孩子独立思考的权利。

爱因斯坦曾说："学会独立思考和独立判断比获得知识更重要。"他还说："不下决心培养思考习惯的人，便失去了生活的最大乐趣。"独立思考的能力，对孩子的成长和成才都有着重要的意义。独立思考能力强的孩子，思维活跃，善于发现问题，并能通过自己的思考和分析找到答案。独立思考能力强的孩子，往往有着很强的创造性，长大后，也将会获得更多的机遇，更容易拥有成功的生活和事业。因此，每一位家长都应该多给孩子独立思考的机会，尽早培养孩子独立思考的能力。

1.创造一种思考的氛围

在家庭中，营造一种勤于思考的氛围，对孩子形成独特的个性，表现有创新意识的思维、举动非常重要。父母不能因为孩子小，需要成人照顾而把他看成是成人的附属品。要知道，孩子也是一个完整的、独立的个体，应该允许他有自己的世界，有自己的空间。

2.保护孩子的好奇心

保护孩子的好奇心，是引导孩子学会思考的基础。好奇心是孩子的天性，好奇心也是促使孩子去探索和思考的动力。独立思考能力强的孩子，往往具有较强的好奇心。父母不仅要尊重、保护和正确引导孩子的好奇心，而且应努力激发他的好奇心，帮助孩子把好奇心发展成为强烈的求知欲，让他从小养成勤于思考，勇于探索的好习惯。

3.让孩子学会思考

父母在和孩子相处、交谈的过程中，要经常以商量的口吻进行讨论式的协商，留给孩子自己思考的余地，要给孩子提出自己想法的机会。父母可根据交谈内容经常发问，如："他们之间有什么关系？""你觉得怎么做会更好？”“你是怎么想到的呢？”等，用这样的发问可以引起孩子的思考。

当孩子向父母求助时，父母首先要鼓励孩子自己认真思考，然后想出问题的答案或是解决的方法。如果孩子实在想不出来，也不要急着告诉他答案，而应该逐步提示，引导和启发孩子，给孩子提供思路比直接告诉孩子答案要有意义得多。

4.培养孩子创造性思考的方法

在日常生活中，鼓励孩子凡事常问几个为什么，培养孩子打破砂锅问到底的习惯。当父母对孩子的提问表现出强烈的兴趣时，孩子就会受到极大的鼓舞，孩子发现问题，提出问题，探索问题的欲望也会不断得到增强。因此，父母要多倾听孩子的想法，认真对待孩子提出的问题，与孩子一起去思考，去寻求未知的答案。

5.利用游戏培养孩子独立思考的能力

生活是教育孩子的最好课堂。喜欢玩游戏是孩子的天性，父母可以在游戏中注入益智因素，利用游戏培养孩子独立思考的能力。父母可以为孩子提供各种各样的游戏材料，如小纸片、种子、泥土、小剪刀、积木、水、沙子、颜料、空纸盒等，让他开动脑筋去做。在游戏之前，还可以给孩子介绍各种工具、材料的用法，并提醒孩子要注意安全。在孩子遇到困难时，要鼓励他自己先解决，实在解决不了时，再给予帮助。这样可以让孩子在各种活动中，体验生活，学会思考，发展智力。

教子心经

孩子在遭遇挫折时，最需要的就是独立思考的能力。因此，从小对孩子进行有效的思维能力训练，不断提高孩子的思考能力，便显得尤为重要。拿破仑说：“思考会改变一个人的命运。”有独立思考能力的人，遇事才会有主见，不人云亦云，不随波逐流，才会有创新的能力，才能更好地掌握自己的人生。

不要代替孩子道歉

当孩子闯了祸，或给别人带来麻烦时，有些家长认为，孩子还小，没有承担责任的能力，作为家长，代替孩子道歉是一件理所当然的事。这样的想法是不对的，家长这样的教育方式对孩子的成长也是没有帮助的。

星期天，龙龙的爸爸妈妈带他到小轩家做客。大人们坐在客厅里聊天，龙龙和小轩则在一起玩玩具。没一会儿，小轩突然伤心地哭了起来。家长们过去一看，原来是龙龙一不小心把小轩最喜欢的玩具手枪弄坏了。龙龙的妈妈对小轩说道："小轩不要哭了啊，龙龙太不乖了，他怎么能弄坏你的玩具呢？阿姨代他向你道歉，下次阿姨买个新的玩具赔给你，好不好？"小轩的爸爸妈妈一听，连连摆手说："龙龙不要怕啊，不就是个玩具嘛，不用赔！"

孩子犯了错，或伤害了别人，理应道歉。由家长替孩子认错，对孩子来说，有害无利。家长这样的做法，实际上是在袒护孩子的过错，孩子没能从错误中得到应有的教训，就不能对自己的言行有一个正确的认识，也就难以对自己的言行负责任。另外，家长的做法还会让孩子形成"犯了错误反正有父母担着"的错误认识，孩子就可能有恃无恐，反复犯错误，不知道悔改。

因此，家长应该记住，只要孩子开始明白事理了，就应该开始培养他对自己行为负责的习惯。孩子伤害了别人，就应该自己去道歉，去承担后果，付出相应的代价。这不仅是为了得到别人的原谅，也是为了帮助孩子从小就建立起责任意识，增强孩子的自律精神，为孩子将来顺利融入社会生活创造良好的条件。

那么，当孩子做错事后，家长应该如何做呢？

1.告诉孩子错在哪里

秋秋吵着要吃雪糕，奶奶对她说："你感冒了不能吃。"秋秋一听很不高兴，趁奶奶不注意时，狠狠地咬了奶奶一口，在奶奶手上留下了一排深深的牙印，奶奶痛得叫起来。妈妈拉住企图逃跑的秋秋，对她说道："你必须给奶奶道歉！"秋秋低着头不说话，妈妈蹲下身，继续说到："咬人是不对的，别人会痛，就像别人咬秋秋，秋秋也会痛一样。如果你觉得自己错了，就给奶奶道歉，你仍然是个好孩子。"秋秋想了想，走到奶奶面前，拉着奶奶的手说："奶奶，对不起！秋秋给你揉揉！"

孩子没有学会道歉，可能是因为不懂得是非概念，不知道生活中什么是对的，什么是错的，为什么是错的，更不知道自己应该怎样改正错误。因此，家长不应该动不动就责怪孩子，而应该了解事情的经过，耐心地告诉孩子为什么错了，错在哪里。

2.教孩子如何道歉

如果孩子不小心伤害了其他人或者打碎了什么东西，他也许自己已经意识到那是不好的，但是不一定知道应该怎么做。这种情况下，家长就应该教会孩子如何道歉，帮助他明白下次再出现类似情况时该如何处理。

3.给孩子认错的勇气

认错是需要一定勇气的。孩子不敢认错，可能是害怕承担后果，家长应该给孩子一种安全感，让孩子知道每个人都有犯错误的时候，只要改正了就是好孩子，这样可以避免孩子产生畏惧的心理。

4.孩子犯错要及时纠正

当孩子做错事时，家长应及时给予教育并纠正，让孩子知道错误不是不可挽救的，只要改好了，就可以得到原谅。家长千万不要在孩子做错事后，一味地批评、指责孩子，这样容易导致孩子产生逆反心理，以后犯错时就会总想找借口推脱。

对懂得道歉但又频繁犯错的孩子，家长不仅要注意他的言语道歉，更要关注孩子改正错误的行为。如何纠正孩子的错误和行为，比孩子所犯错误本身更值得家长思考。

5.要求孩子道歉要顾及他的自尊

在楼下小花园里散步的时候，星星不知道什么原因，和一个小朋友打了起来。星星一气之下，把小朋友的脸抓破了。爸爸生气地抓住星星，板着脸教训道："快给小朋友道歉！三天两头给我惹麻烦，一点出息都没有！"星星知道自己做错了，本来想道歉的，可是听了爸爸的话后，他便倔强地抿着嘴唇，一言不发，不管爸爸怎么骂都不愿意开口道歉。

家长在要求孩子道歉的时候，不应该忽视孩子的自尊心，否则不仅不能让孩子认识到自己的错误，还会伤害到孩子。聪明的家长应该知道即使教育也应该给孩子下台的空间。当孩子犯错时，家长应该问清原委，就事论事。强迫是最令人反感的，孩子往往也难以接受。因此，如果孩子情绪激动，不愿意道歉，家长可以先安抚孩子的情绪，寻找合适的机会心平气和地对孩子进行事后教育，娓娓的分析与引导比死板的要求更能让孩子认识并改正自己的错误。

教子心经

孩子只有从小学会道歉，为自己的错误承担责任，才能成长为一个有责任心、勇于担当的人。在面对挫折时，孩子才不会选择逃避，而是会勇敢地面对，并积极地寻求解决的方法。因此，孩子做错事时，父母不应该一味地袒护，更不应该替孩子道歉，而要帮助孩子分析事情的前因后果，让他知道自己错在哪里，应该怎样去道歉，怎样去弥补自己的错误。

第四章 孩子有自信，才能克服挫折

培养和增强孩子的自信，是提高孩子逆商的一个重要内容。孩子拥有了自信，也就拥有了直面挫折的勇气和力量。自信的孩子，即使身陷逆境，也能看到希望，找到努力的方向，并凭借着自己坚强的意志和积极进取的精神，克服挫折，不断提升自己的能力。

从小培养孩子的自信心很重要

在一个公园里，几个白人小孩正玩得高兴。这时，一位卖气球的老人推着小车走进了公园。白人小孩一窝蜂地跑了上去，每人买了一个气球，兴高采烈地追逐着放飞在天空中的色彩艳丽的氢气球。

在公园的一个角落，蹲着一个黑人小孩。他羡慕地看着打闹嬉笑的白人小孩，他很想走上前去和他们一起玩，但是他不敢，因为他是黑人，白人小孩一定都看不起他。没一会儿，白人小孩们就跑得不见了踪影，黑人小孩这才站起身来，怯生生地走到老人的车旁，用略带恳求的语气问道："您可以卖一个气球给我吗？"老人用慈祥的目光看着他，温和地说："当然可以！你要什么颜色呢？"黑人小孩其实很想要一个色彩鲜艳的气球，可是他觉得老人一定会笑话他。于是他鼓起勇气说："我要一个黑色的。"老人有一瞬间的惊诧，然后给了他一个黑色的氢气球。

黑人小孩开心地拿过气球，小手一松，黑气球在微风中冉冉升起，在蓝天白云的映衬下，黑色的气球反倒成了一道别样的风景。老人一边眯着眼睛看着气球升起，一边用手轻轻地拍了拍小孩的头说："孩子，你要记住，气球能升起，不是因为它的颜色和形状，而是因为气球内充满了氢气。一个人的成败不是因为种族、出身，关键是你的心中有没有自信！"

老人的话给了黑人小孩很大的启发和鼓舞，从那以后，他开始慢慢改变自己怯懦的性格，把自信一点点植入自己的内心，不断地努力和拼搏。最终，他成了一名著名的心理医生，帮助不少人走出了心灵的困境，受到了人们的尊敬和喜爱。

爱默生曾说："自信是成功的第一秘诀。"自信心是一种积极的心理品质，是人们开拓进取、向上奋进的动力，是一个人取得成功的重要心理素质。对每一个人来说，自信都是一种非常重要的心理品质。在自信心的驱使下，人们才敢于对自己提出更高的要求，并在失败中看到成功的希望，鼓励自己不断努力，最终实现自己的目标。

自信是孩子成长过程中的精神核心，是促使孩子充满信心去面对困难，战胜挫折，努力完成自己愿望的不竭动力。如果孩子充满了自信，那么他就会拥有乐观的心态，做事积极主动，勇于尝试，努力进取，乐于接受挑战，不断地超越自我。相反，如果孩子缺乏自信，那么他就会表现出柔弱、害羞、恐惧等不良心理，不敢面对新的事物，不敢主动与人交往，做事犹豫不决，从而失去很多学习和锻炼的机会，最终影响到自身的发展。长期缺乏自信还会让孩子产生"无能"的感觉，甚至可能自暴自弃、破罐子破摔，这样的心态对孩子的成长是极为不利的。

可见，从小培养孩子的自信心，对孩子的健康成长和未来的发展十分重要。从小培养孩子的自信心，也是挫折教育的重要内容，因为，孩子只有拥有了强大的自信，才能拥有面对困难，战胜挫折的勇气。因此，家长一定要正确引导孩子，帮助孩子认识到自信心的重要性，让孩子"抬起头来走路"，鼓励孩子进行积极正面的自我评价，帮助孩子看到他自己的优势和长处，鼓励他们勇敢地去尝试，去追求自己的理想和目标。这样，孩子就能在一次次的尝试中，成长为一个充满自信、有坚强毅力的人。

教子心经

孩子的自信心不是与生俱来的，它需要父母正确的引导和帮助。自信心是人生成功的力量之源，也是一个孩子成长的关键。因此，从小培养孩子的自信心，让孩子“抬起头来走路”，是父母对孩子进行挫折教育的一个重要内容。

尊重是培养孩子自信心的前提

自尊是一个人对自己自我价值的肯定，是内在的，只关乎自己的，是外部环境无法撼动的自我认知。自信，来自自尊，孩子只有首先自尊，然后才会自信。孩子的自尊最初是来自外界对他的尊重，只有被人尊重，孩子才可能获得自尊，并学会尊重别人，也才能获得自信。

开家长会的时候，老师告诉学生家长，暑期有一个国际海洋夏令营，每个孩子都有参与的机会，活动一共6天，需要交1600元的费用。虽然价格偏高了些，但不少家长都觉得对孩子来说是个不错的锻炼机会，于是二话没说交钱帮孩子报了名，小娟的妈妈就是其中一位。

小娟知道后并没有多高兴，不过还是按照学校的要求办理了夏令营手续。这天，妈妈正在做饭，小娟突然对妈妈说道：“妈妈，我不想去夏令营了。”

妈妈一听停下手里的活儿问：“怎么突然不想去了呢？”

“夏令营从6天缩减到4天了，而且又没有多少海洋活动，我觉得一点都不值！”小娟皱着眉头解释道。

“可是钱都已经交了，手续也办完了，怎么办呢？”妈妈有些头疼地问。

“那有什么的，找学校退钱就行了呗！”小娟满不在乎地回答。

“去不去参加夏令营是你的权利，妈妈尊重你的选择。但是，如果你决定不去，你就要自己去负责向有关的老师解释清楚，并办好退营手续。如果老师不同意，那就没办法了！”

稍有社会经验的人都明白，退营是一件很麻烦的事，况且这一次的夏令营是区、校两级参与，又已经到了出发前的培训阶段，妈妈以为小娟一定会知难而退。不料，小娟却毫不犹豫，一口答应了下来，还搂着妈妈的脖子笑嘻嘻地对妈妈说：“妈妈，谢谢你这么尊重我！我一定圆满完成任务！”

当小娟把1600元钱如数交回到妈妈手上时，妈妈又是吃惊又是高兴。小娟一脸骄傲的对妈妈说：“我们班还有好几个同学都想退，可是他们的爸爸妈妈都不同意，他们都劝我不要去冒险，怕我被老师批评。我告诉他们我一定能做到，因为我不会让妈妈失望。看，我不是做到了吗？其实也没那么难嘛！”

把孩子看作一个独立的个体，尊重孩子，是孩子获得自信的前提。只有尊重孩子，才能充分挖掘孩子的个性和潜能，让孩子自尊自信地成长。那么，父母应该怎样尊重孩子呢？

1.尊重孩子的人格

孩子不是父母的附属品，他有自己独立的思想、看法和情感需求，父母应该尊重孩子独立的人格，要正视他的存在，平等地对待他，要理解他的愿望，肯定他的努力，赞赏他的成就，并给予他合法的权利。

2.尊重孩子的选择

要多给孩子自主决定的机会，尊重孩子的意见，尊重孩子的每一个选择。父母不应该把自己的意愿强加到孩子身上，强迫孩子去做他不喜欢做的事情。有些事情，孩子不能单独做决定时，也应该在尊重孩子的基础上给予适当的引导和帮助，为孩子营造一个民主和谐的家庭氛围。

3.尊重孩子的隐私

随着年龄的增长，每个孩子都会有不愿告诉别人的小秘密。父母们不要总希望控制孩子们的一举一动，要真正了解孩子，必须首先给孩子们尊重，孩子们应该有自己的秘密，父母应该充分尊重孩子的隐私。父母进入孩子房间应该先敲门，移动或使用孩子的东西应该得到他们的允许，任何牵涉到孩子的决定应该先和他们商谈，不要随意翻看孩子的日记，应该尊重孩子的所有权，不随便处置孩子的物品。父母不要总把自己摆在权威的位置上，而应该平等地看待孩子，把孩子看作一个成人一样加以尊重。

4.对孩子要说话算数

父母对孩子许下的诺言要有个交代，不要只是说说而已应付孩子。做不到的事情就不要随口应承，答应孩子的事情就一定要做到，即使有特殊原因无法办到，也要和孩子解释清楚，诚恳地向孩子道歉，得到孩子的原谅。

5.要给孩子留面子

尊重孩子就要懂得为孩子留面子。父母不应该代替孩子回答客人的问话，让孩子自己说，是对孩子的尊重，也是锻炼孩子人际交往能力的一个好方法。父母不要当着外人的面教训孩子，更不该在外人面前贬损孩子，即使孩子做错了，也要为孩子留面子，事后再进行教育和引导。

6.错了就要及时地向孩子道歉

向孩子认错，对有的父母来说，是一件难以启齿的事情。很多家长即使明知自己做错了，也不会这样做。其实，父母向孩子认错不仅不会影响父母在孩子心中的形象，还会让孩子更尊重父母，同时还能帮助孩子建立自尊，教会孩子勇敢地承认错误，承担责任。

尊重孩子，不仅能帮助孩子建立自尊，还对培养孩子的独立性、自信心、创造性有着积极的推动作用。父母给孩子足够的尊重，孩子才能有足够的自信，去面对成长中的困难，去接受风雨的洗礼，锻造出坚强乐观的性格。

教子心经

父母的尊重是培养孩子自信心的重要前提。只有被尊重，孩子才会自尊，才会去尊重别人，也才能获得自信。有了自信，孩子才会有足够的力量去克服人生路上遇到的挫折和困难，才能用积极进取的态度去对待生活和学习。

不要拿孩子和别的孩子做比较

每一个孩子都有自己的特质和个性，所以，每一个孩子都应该以自己原有的面貌获得进一步的发展，而不是做其他孩子的复制品。拿自己的孩子与别人的孩子做任何比较，对孩子自信心的形成与培养都是有害的。

小明和小亮是表兄弟，两人经常在一起玩。学校刚一放假，小亮就到姨妈家玩。这天姨妈和小亮聊起了考试成绩，小亮骄傲地告诉姨妈，他的各科成绩都是95分以上。“你真是好孩子，学习总是那么好！咦？我还没有看见小明的成绩单。小明，把你的成绩单拿来给妈妈看看！”妈妈对房间里的小明喊道。

其实小明早已在楼梯上听到了下面的对话，踌躇着不愿出来。听到妈妈叫他，不情愿地拿了成绩单走过来。妈妈一看，没有一科上了90分，忍不住大声训斥起来："你怎么这么丢人，小明？你看人家小亮考得多好，你为什么不能像人家一样？你的学习环境哪一点比人家差？你就是太懒，总是注意力不集中，不专心听讲……"虽然已经不是第一次在小亮面前受训了，小明还是觉得下不了台，心里难受极了。

从此，小明就觉得自己像一只丑小鸭，情绪总是不高，成绩更是大幅度的下滑，任凭父母、老师怎么教育，就是不爱学习，上完初中，便辍学在家了。

生活中，许多父母都有这么一个习惯，喜欢拿自己的孩子与他人比较，不知不觉地会用其他孩子的优点来比自己孩子的缺点，嫌自己的孩子不够优秀。

诚然，没有父母会不爱自己的孩子，经常拿自己的孩子与他人相比，也是希望孩子能以他人为榜样，学习别人的优点，超越别人。然而，我们有这样一句老话："人比人，得死；货比货，得扔。"这话虽然说得直白，却很有道理。父母这样的好心到了孩子的耳中却变成了另外一种意思，那就是：自己没有别人做得好，父母嫌弃自己。有的孩子或许为了能够让父母不再嫌弃自己而努力学习，父母也达到了自己的目的，可孩子内心的伤痛却永远都没办法抹去；有的孩子则干脆破罐子破摔，产生一种消极的心理，你说我不行我就是不行了，甚至对父母表扬过的孩子产生憎恨。这样父母原来的目的完全达不到不算，反而还把孩子推向了毁灭的边缘。

家长总是拿孩子的短处和别人的长处做比较，不停地指责孩子的不是，会严重损害孩子的自尊心和自信心，会影响孩子对自己的客观认识和正确评价。孩子形成不了比较完整的自我价值观念，在今后的生活中，很可能就会缺乏主见，随波逐流，做事没有想法，不能很好地坚持。这样的孩子，在身处逆境时，很容易染上消极的情绪，他们会轻易怀疑自己的能力，看不到前途和希望，也就丧失了战胜困难和挫折的勇气。可见，拿孩子与他人做比较，对提高孩子的逆商是极为有害的。

印度的一位思想大师曾说过：“玫瑰就是玫瑰，莲花就是莲花，只用去看，不要比较。”作为父母，我们必须明白一个事实：每一个孩子都是不一样的，都是独一无二的，也都会有自己的优点和不足。“金无足赤，人无完人”，父母自己身上尚且有诸多不足，又怎么能要求孩子方方面面都要比别人强呢？“天外有天，人外有人”，家长如果抱着这样的心态，就会无休止的比较下去，不停地对孩子施加压力，造成孩子的反感和恐惧。

父母要学会用发展的眼光来看待孩子。父母可以拿孩子的今天和昨天比，拿孩子自己的成功和失败比。这样更能帮助孩子看到自己的进步，认识到自己的长处，也更容易培养孩子的自信心，不断提高孩子对挫折的承受能力和应对能力，提高孩子的逆商。

教子心经

要想培养出自信的孩子，就不要总拿孩子与别的孩子做比较，而要用发展的眼光看待孩子，看到孩子的优点和长处，关注孩子的每一次成长和进步。只有这样，孩子才能形成正确的自我认识，充满自信地去迎接成长中的困难和挑战，才能不断提高自己的逆商，实现一次又一次的自我超越。

帮助孩子摆脱自卑的困扰

自卑是因为低估自己的能力和潜力而产生的一种不良的情感体验。被自卑情绪笼罩的孩子，一方面感到自己处处不如别人，另一方面又害怕别人瞧不起自己，长期下去，会逐渐形成敏感多疑、多愁善感、胆小孤僻等不良的性格。

自卑的孩子，因为认定自己不够优秀，所以遇到事情时总会消极被动，一旦遭遇挫折和失败，就会被颓废和绝望的情绪困扰。在这种负面情绪的推动下，孩子很容易产生悲观的情绪，逃避现实，不愿意去努力克服眼前的困难，从而一步步走向失败。

一位伟人曾说："你要首先相信自己，然后别人才会相信你。"要想提高孩子的逆商，父母就必须帮助孩子摆脱自卑的困扰，帮助孩子点燃自信的明灯。

1.帮助孩子分析自卑的原因

孩子的自卑情绪不是天生的，而是在后天的经历中逐渐累积的。要帮助孩子摆脱自卑的困扰，最重要的是要帮助孩子分析自卑的原因。造成孩子自卑的原因很多，可能是因为孩子对自己的认识不全面，看不到自己的优势和长处，也可能是为自己设定了不切实际的目标，还可能是家长给了孩子过高的期望等。父母要耐心地引导孩子，鼓励孩子把内心的想法和感受说出来，同时也要进行自我反省，检讨自己的言行。只有找到问题所在，才能对症下药解决问题。

2.让孩子写下自己的才能与专长

每一个孩子都会有自己的优点和长处，只是自卑的孩子往往只看到自己的缺点和不足。要帮助孩子摆脱自卑的困扰，父母不妨让孩子将自己的兴趣、爱好、才能、专长全部列在纸上，父母可以在一旁进行提示，引导孩子发现和关注他自己的闪光点。比如，“我的作文写得很好”，“我会讲故事”，“我会拉小提琴”，“我有一副热心肠”等。这样，孩子就可以清楚地看到自己的优势和长处了。

另外，还可以让孩子将自己做过的，他认为很满意、很成功的事记下来，制作成一张一览表。比如，“我通过自己的努力做出了一道很难的数学题，老师表扬了我”，“今天我帮爸爸修好了剃须刀”，“运动会上，我拿了女子800米跑步的第一名”……鼓励孩子每天都更新这张表格，让孩子每天都能看到自己的进步，看到自己的成就，这样的体验会让孩子一点点认识到自己的能力，一点点变得乐观自信起来。

3.鼓励孩子通过努力来补偿缺陷

有时候，孩子的自卑情绪是由于自身生理上的缺陷造成的。这样的孩子更需要父母的鼓励和引导。心理学家指出，某一方面强烈的自卑感，往往会促使人们在其他方面有超常的发挥。父母应该帮助孩子充分认识到自己的优势，鼓励孩子努力奋斗。当孩子在其他方面取得突破时，就能很好地补偿生理缺陷所带来的自卑感。

小宁出生的时候，腿部就有残疾。扭曲的双腿常常让小宁伤心不已，他总是低着头，不敢和别人说话，害怕别人会嘲笑自己。妈妈看在眼里，急在心里，却又想不出办法来。后来，妈妈发现，小宁对小提琴很有兴趣，每次看到电视中小提琴家的演奏，他都目光痴迷。于是，妈妈买了不少小提琴名家的乐曲，经常在家里播放。终于有一天，小宁开口对妈妈请求道："妈妈，我想学小提琴！"妈妈二话没说就同意了，给他买来一把小提琴，还请了一位老师来教他。

小宁心里充满了感激，对小提琴也充满了热情，认真地学习，不断地练习。小宁的进步很快，连老师都惊奇不已。后来，在老师的帮助下，小宁参加了一次全国性的音乐比赛，并在比赛中取得了第二名的好成绩。对此，同学们都羡慕不已，还一致推选他当了班级的文艺委员。小提琴带来的成就终于让小宁找到了自信，他开始变得开朗起来。

4.让孩子抬头挺胸，面带微笑

不难发现，心理自卑的孩子，常常喜欢低着头，不爱说话；而那些自信的孩子则总是抬头挺胸，面带微笑。要让孩子自信起来，可以从改变孩子的形象入手。让孩子抬起头来，鼓励孩子大胆地表达自己的看法，鼓励孩子多微笑，当这些成为一种习惯的时候，孩子的心态也会在不知不觉中发生变化。

5.教会孩子使用积极的语言

积极的语言能使人产生积极的情绪，改变消极的心态。父母不仅要有意识地用积极的语言为孩子打气，还要教会孩子使用积极的语言，学会对自己进行正面的描述和积极的自我暗示。比如，让孩子每天对自己说"我可以"，"我能行"，让孩子在纸上写下"我是一个坚强的孩子"，"我是一个聪明的孩子"，"我是一个积极向上的孩子"等。

教子心经

一个总是低着头、弯着腰走路的孩子，他的骨骼必然会变得弯曲；一个自卑的孩子，在人前人后抬不起头来，他的心灵也必然会出现不同程度的扭曲。孩子需要昂起头来走路，需要昂起头来做人。孩子只有摆脱了自卑，才能不断地挑战自我，超越自我，才能不断提高自己的逆商，成长为一个自信、坚强、乐观的人。

让孩子变得自信起来

有个小男孩头戴球帽，手拿球棒与棒球，全副武装地走到自家后院。“我是世上最伟大的打击手。”他满怀自信地说完后，便将球往空中一扔，然后用力挥棒，但却没打中。他毫不气馁，继续将球拾起，又往空中一扔，然后大喊一声：“我是最厉害的打击手。”他再次挥棒，可惜仍是落空。他愣了半晌，然后仔仔细细地将球棒与棒球检查了一番。之后他又试了三次，这次他仍告诉自己：“我是最杰出的打击手。”然而他这一次的尝试还是挥棒落空。“哇！”他突然跳了起来，“我真是一流的投手！”

上面故事中的小男孩的自信精神是值得赞赏的。

美国有一个家庭，母亲是俄罗斯人，她不懂英语，根本就看不懂儿子的作业，可是每次儿子把作业拿回家让她看，她都说：“棒极了！”然后小心翼翼地挂在客厅的墙壁上。客人来了，她总要很自豪地炫耀：“瞧，我儿子写得多棒！”就这样，儿子受到鼓励，心想：“我明天还要比今天写得更好！”他的作业一天比一天提高，后来终于成为一名优秀学生，成长为一个杰出人物。这就是孩子，你说他行他就行；你说他不行，他就不行。你为他喝彩，他会给你一个又一个惊喜；你说他不如别人，他会用行动证明他真的很笨。

有的孩子不管做什么事情，总是对自己没有信心。“我不知道”、“我没有信心”、“我是比别人笨”、“这件事你们做主就行了”等，这些都是他们的口头禅。如果让这些孩子长期处于这样的状态和心理，很容易让孩子们越来越不敢尝试新的事物，对自己越来越没有信心。还会产生自卑等心理，甚至可能会自暴自弃，破罐子破摔，那就会影响孩子的一生。

每一位家长都希望自己的孩子取得成功，这就需要你给孩子的心灵注入自信的力量。其实，让孩子变得更自信也不是一件困难的事情。以下是一些教育专家提出的，帮助孩子建立自信，让孩子学会自我肯定的简单易行又行之有效的方法。

1.教给孩子做事的方法

有时候，孩子在某些方面不自信，主要是因为孩子不知道做事的方法，没有相关的经验。当孩子没有掌握方法的时候，他们往往不敢动手去做某件事情或尝试去探索，特别是一些胆小的孩子，这样，久而久之，孩子就养成了一种习惯，认为自己不行。这时候就需要父母一遍一遍耐心地教育和引导，让孩子找到正确的方法，帮助他们体验到成功的喜悦。

2.让孩子做力所能及的事情

那种事事依赖、处处顾惜的孩子总是期待被照顾，总会怀疑自己的能力，缺乏自信。反之，将孩子毫无准备地置于新情景之中，突然将孩子推向自立，也会使孩子受到挫折、丧失信心。因此，父母可以创设宽松的心理环境，允许孩子尝试错误，放手让孩子去想，去做。父母要多提建设性的意见，少为孩子做不必要的帮助，每天给孩子简单的任务让他独立完成。当然，在孩子获得能力的过程中，父母不能过分控制孩子，剥夺孩子选择的权利，让他误以为获得能力要按成人的意志进行这样那样的练习和学习。同时，也不能过分放纵，让孩子一切自行其是。

父母必须懂得，孩子自己能做什么，不仅取决于他们的成熟程度，而且还取决于生活中的各种事物对他们的适宜程度。因此，父母应从日常生活入手，适时、适宜地向孩子提出孩子力所能及或稍克服困难就能获得成功的要求，给予孩子独立锻炼的机会，才能让孩子体验成功的喜悦，建立真正的自信心。

3.帮助孩子充分发现自身的长处

自信心是建立在充分估价自己的基础之上的，因此，让孩子认识不到自身拥有的潜力或低估自己都不利于自信心的确立。要增强孩子的自信心，必须帮助他认识到自身拥有的巨大潜能和广阔的发展的可能性，使他深信：只要自己在某些领域的努力持之以恒，坚持不懈，就一定能获得成功。

如果一个人能在人生早期就认识到自己的潜力和优势，及早采取措施，扬长补短，努力挖掘，就很有可能在某些方面取得突出成就。一个成功的家长所要做的，就是帮助孩子获得这方面的认识，使他们学会并善于分析自己的长处和短处。同时，家长还要考虑到孩子自身的特点，在保证孩子能够得到全面和谐发展的同时，针对孩子的特点和优势，帮助他们及早确立正确的奋斗目标和远大的理想，用美好的前景激励他们形成顽强的自信心和奋斗精神。

4.多用肯定性言语和鼓励性言语

强化自信的方法有很多，抓住契机进行正面引导尤为重要。孩子如果能经常得到父母的肯定和表扬，会使他们兴趣盎然，信心百倍，情不自禁地向前努力，也能满足其潜在的争强好胜的欲望，增强其自觉学习的主观能动性。

因此，要建立孩子的自信心，就要对孩子的努力给予及时地鼓励和表扬，在孩子遇到困难时，予以适当的帮助，并尽可能地让他们体验成功。父母可以这样鼓励孩子：“你比上次进步了”，“跌倒了，自己爬起来”，“你能做好”，“我们再试一次”，“你能行”，等等。总之，父母要采取信赖、欣赏的态度，只说鼓励话，不说泄气话，更不说抱怨挖苦的话。

做父母的，在教育孩子时，如果少一些偏见，多一些公平；少一些歧视，多一些尊重；少一些冷眼，多一些赞许，就一定能让孩子享受到温暖的阳光，无论哪种层次的孩子都会获得心理上的满足，从而产生一种积极向上的原动力。这样，就能激发孩子的潜能，创造出奇迹。

当然，还要适当把握赏识力度，不同孩子赏识的程度不同。如，胆小、呆板的孩子多肯定鼓励，少批评指责；对调皮、好动、表现差的孩子要善于捕捉其闪光点，及时肯定鼓励，扬长避短；好孩子、任性的孩子适当赏识，则可以多提新的、更高的要求或多鼓励他克服任性的行为。

5.变更表扬的主语

让孩子多做自我肯定，是建立自信的最好的方法。让孩子做自我肯定的一个最简单方便的方法，是变更你对孩子做出的所有表扬的主语：把“我”改成“你”，把“我们”（父母）对“你”（孩子）的表扬，改成“你”（孩子）对自己的表扬。这种简单的变化能够更充分有力地让孩子认识到自己的行为是正确的，因而能起到一种增加对孩子赞赏的效果。如：“你今天用积木盖起了这么高的大楼，我真为你感到自豪！”可改为：“你今天用积木盖起了这么高的大楼，你一定为自己感到很自豪！”

此外，需要指出的是，鼓励自卑的孩子多做自我肯定，并不意味着应该让他“滥用”自我肯定。不要鼓励孩子在任何时候、任何情况下都使用自我肯定。自我肯定也应有个度，既要分时间、场合，更要有一定的原则、标准和尺度。再好的良药也不能下得过猛——孩子的自我肯定用过了头，那就可能变成了一个自负甚至是唯我独尊的小霸王。

教子心经

自信对孩子的发展有巨大的作用。如果孩子是个自信的人，那么他就能乐观进取，做事就能主动积极，勇于尝试，乐于接受各种挑战，并能够克服各种挫折；如果孩子缺乏自信，那么他就会表现出柔弱、害羞、恐惧的心理，不敢主动与其他人交往，从而会失去很多学习和锻炼的机会，影响自身的发展。其实，父母只要用对方法做对事，就可以让孩子变得自信起来。

孩子有进步时，要及时表扬

每一个孩子都希望得到大人的赞美，因为这是对他最大的认可和接纳。因此，当孩子取得进步或是达到某个既定目标时，父母应该把握机会，及时由衷地赞美孩子，这对培养孩子的自信心有着重要作用。

一个小学的校长曾经做过这样一个实验：期末考试结束之后，他分别在不同的时间对两个班级考试成绩差不多的两组孩子做出评价。对第一组的孩子，校长在考试成绩出来的当天就表扬了他们："你们的成绩真不错，我真为你们感到高兴！继续努力吧，我相信你们一定能学得更好！"而对第二组的孩子，校长没有任何表示，一直等到下一个学期开始之后，才对让他们说："你们上学期的考试成绩不错！"

一个学期以后，第一组孩子因为受到了校长及时的赞扬和鼓励，学习成绩有了明显的提高。他们一致认为是校长的赞扬让自己对学习充满了信心，学习劲头也更足了。而第二组孩子的学习成绩却没有明显的进步，虽然校长赞扬了他们，但时间已经相隔太久，他们根本没有察觉到这种表扬，所以他们的学习积极性也没有太大的变化。

几乎每一样东西都是有保鲜期的，孩子的情绪和需要也是这样。如果父母对孩子的关注不够，没能及时地照顾到孩子情感上的需要，过后再来弥补，再来进行表扬，很可能就失去了赞美的意义。家长之前的忽视很可能已经在孩子的心里留下了难以抹去的痕迹，而且过后的赞美，有的时候会让孩子不明所以，不知道家长说的是哪一件事情，再也找不回原先那种激动和充满干劲的精神状态了。

可见，赏识孩子，不仅仅表现在毫不吝惜地把自己的赞扬送给孩子，更要在第一时间把这种赞扬和肯定传递给孩子，让孩子感觉到父母发自内心的赏识和期望，从而满怀自信地面对学习和生活。

小北很好动，喜欢和小朋友一起玩，但常常管不住自己，一有争吵就会出手打人，是出了名的“小霸王”。爸爸每天去接小北放学的时候，都会有家长来告状，让爸爸头疼不已。这天，爸爸去接小北的时候，发现只有两位家长来告状，这让爸爸高兴不已。爸爸蹲下身对小北表扬道：“今天只有两位小朋友的家长来告状，比昨天少了两位，证明我们的小北已经能管住自己的拳头了，真了不起！爸爸为你感到高兴！”爸爸的话让小北高兴起来，他暗暗下决心，明天一定要比今天再少一位。渐渐地，小北再不动手打人了，和小朋友们相处也越来越融洽，加上他活泼聪明，大家都亲切地称呼他为“小可爱”。

从一个人见人怕的“小霸王”变成了人见人爱的“小可爱”，小北的转变其实只是源于爸爸的一句及时表扬。当孩子取得进步的时候，孩子的内心是充满喜悦和激动的，因为这个进步是他通过自己的努力获得的。如果父母在这个时候及时予以赏识和赞美，就最能激发孩子的潜能，孩子也最容易从父母的赞扬和鼓励中获得继续努力的动力。

生活和学习中，家长不要给孩子设立周期太长的目标，让孩子长期等待父母的赏识和赞扬。因为孩子的意志力和耐力都是有限的，他们很可能会因为等待时间过长而放弃努力。可以多给孩子设立一些短期的表扬目标，一旦孩子达到目标或取得进步，就及时赞扬他，更好地激发孩子的兴趣和自信心。

关注孩子的每一次进步，并及时地进行表扬和赞赏，不仅表现出家长对孩子的真心赏识和热切期望，还能传递给孩子一种强大的精神力量。当孩子身处逆境时，这种强大的精神力量往往能激起孩子的斗志，增强孩子战胜挫折和失败的勇气和信心，激励孩子不断地奋发向上，赢得生活和学习的主动。

教子心经

对孩子的赞美一定要及时，尽量在孩子最需要的时候给予，这样才能更好地把父母的关爱传递给孩子，更大限度地激发孩子的潜能，更好地鼓励孩子去努力和成长。关注孩子的每一次进步，及时地表扬和赞美孩子，是提高孩子逆商的一个行之有效的方法。

发现并放大孩子的闪光点

有一个男孩正准备用泥块砸自己班上的一个男生时，被校长陶行知看到并及时制止了，陶行知让男孩放学后到他的办公室。放学后，陶行知来到校长室，发现男孩已经等在门口了。

男孩跟着校长进了办公室，垂着头等着挨训。可是，陶行知却没有批评他，而是笑着掏出一颗糖果送给他，并对他说道：“这是奖给你的，因为你按时来到这里，而我却迟到了。”男孩一脸不可思议地接过糖果。随后陶行知又掏出第二颗糖果放到他的手里，说：“这是奖励你的，因为我不让你打人时，你立即住手了，这说明你很尊重我，我应该奖你。”男孩更感到意外了。这时陶行知又掏出第三颗糖果塞到男孩手里，说：“我调查过了，你用泥块砸那个男生，是因为他欺负女生。你砸他说明你正直善良，而且有跟坏人作斗争的勇气，应该奖励你啊！”男孩听到这感动极了，他流着眼泪后悔地喊道：“陶校长，我错了！我砸的不是坏人，而是同学……”陶行知满意地笑了，他随即掏出第四颗糖果递过来，说：“你认识到自己的错误，并勇敢地承认错误，这是我奖励给你的第四块糖果。我没有多的糖果了，我们的谈话也可以结束了。”

一个拿泥块打人的“坏”孩子，陶行知先生却能从他的身上发现这么多的闪光点，没有用一句批评的话语，却能让孩子在最短的时间内，认识到自己的错误，这就是赏识教育的意义所在。

洛卡尔·威特曾说：“不是聪明的孩子被夸奖，而是夸奖使孩子更聪明。在适当的时机、适当的场合，可以无中生有，小题大做，给予夸奖，以唤起孩子的自信心。”每个孩子都有自己独特的地方，都会有自己的闪光点。父母要善于发现孩子的闪光点，努力放大孩子的闪光点，并给予孩子充分的肯定和表扬。父母的关注和表扬，是孩子自信的源泉，也最能激发孩子的斗志，让孩子更有勇气去面对挫折，迎接挑战。

1.要善于发现孩子的闪光点

一位伟人曾说过：“生活中不是缺少美，而是缺少发现美的眼睛。”在生活中，父母总是惯于寻找并放大孩子的缺点，惯于拿孩子的缺点同其他孩子的优点相比较，抓住孩子的缺点和错误不放，甚至常常表现出失望和愤怒的情绪。这样的家庭教育是注定要失败的，正如拿破仑·希尔所说：“有的父母总是盯着孩子的缺点，认为管好孩子的缺点，才能让孩子更好地成长。其实，这样做就像蹩脚的工匠，是不可能造出完美瓷器的。”

著名作家大仲马小的时候，学习成绩很不好，他请求父亲的朋友，希望自己能够到他任教的班就读。父亲的朋友问他：“你精通数学吗？”大仲马摇摇头。“物理、化学怎么样？”他还是摇摇头。“那么，经济学呢？”大仲马沉默了。

父亲的朋友接二连三地发问，大仲马窘迫地垂下了头，他觉得自己真是一点优点都没有。“那好吧，你把名字留下来吧，我会尽快把结果告诉你。”大仲马羞愧地写下了自己的名字，转身打算离开时，却被父亲的朋友一把拉住了：“孩子，你的字写得很漂亮，这也是你的优点啊！”大仲马没有想到把自己的名字写得漂亮也算一个优点，他在老师的眼里看到了肯定的答案。他想：“那我就把所有的字都写好。”受到鼓励的他，一点点放大自己的优点，从写好每一个字到写好每一篇文章，最后，他写出了名震天下的经典作品，成了一名优秀的作家。

事实上，每个孩子都有一些与“能写好自己名字”类似的优点，只是常常被父母所忽略，更谈不上放大了。父母要多关注孩子，用全面的眼光看待孩子，不要用单一的标准来评价孩子；父母要用发展的眼光来看待孩子，要看到孩子的每一次进步，并及时地予以表扬和赞美。只有这样，父母才能最及时地发现孩子的闪光点，激发孩子的潜能。

2.用放大镜看孩子的闪光点

父母在寻找孩子的优点时，要采用放大镜的手法，即将孩子的优点和长处在自己眼中放大。只有用这样的方法，父母才不会错过孩子身上的任何一个闪光点。对于那些人们眼中的“坏”孩子，更需要竭力去找他们的闪光点，哪怕是沙里淘金，哪怕是微不足道，都需要出自真心地去赞扬、鼓励和引导。父母用这种眼光看孩子，能够很好地帮助孩子找到自信。父母的赏识和激励也将成为孩子不断进步的动力。

3.放大孩子闪光点时要讲究科学的方法

父母在夸奖孩子时态度应该中肯、适度，不过分夸大，也不无端缩小；要有分析地表扬，不能太笼统，让孩子清楚表扬的是哪一点，为什么表扬；要注意时间、场合，根据时间和场合选择当面表扬或是暗示的方法等。这些都是父母应该注意的科学赏识方法和技巧。

教子心经

父母要学会用放大镜去发现孩子的闪光点，让孩子在自信中成长。父母真心的关爱和赏识，会带给孩子巨大的精神力量，能更好地引导孩子改掉不良的行为习惯，并激励孩子不断地战胜挫折，从而达到不断提高孩子逆商的目的。

挖掘并培养特长，增强孩子的自信

一项追踪调查表明：一个人所取得的某项突出成绩，往往与他的特长有着密切的联系，特长的灵感常常促使一个人在工作上获得重大突破。拥有某一方面的特长，孩子也就拥有了一种竞争优势，具有了上进的动力，孩子也会因此变得自信起来，并会把这份自信扩展到其他领域，促进自己的全面发展。

美国哈佛大学心理学家霍华德·加德纳提出的多元智能理论认为：每个

人身上至少存在语言、数理逻辑、空间、身体运动、音乐、人际关系、自我认识、自然探索等八项智能。但是，这八项智能在不同的人身上会表现出个体的差异。也就是说，每个人都有自己的强项和弱项，在这方面是“特短”的人，可能在另一方面是“特长”。 这正应了中国的一句古话：“尺有所短，寸有所长。”每个孩子都有自己与众不同的天赋，家长不应该对孩子的某些短处耿耿于怀，而应该多观察孩子，挖掘并培养孩子的特长，从而不断增强孩子的自信心。

1. 多观察孩子，发现孩子的强势智慧

松下幸之助曾说：“人生成功的诀窍在于经营自己的强势智慧，经营强势能使自己的人生增值，否则，必将使自己的人生贬值。”每个孩子的身上都蕴藏着他自己独特的强势智慧，父母的重要责任在于帮助孩子把它们挖掘出来，发扬光大，以不断提升生命的意义。

其实发现孩子的强势智慧并不是那么困难，只要家长愿意花时间和孩子在一起，多用心观察孩子，就一定能接收到孩子发出来的信号。比如，如果孩子在做许多事情时需要学习，需要不断地去修正和演练，而在做另外一些事情时，却几乎是自发的，不用想就本能地去完成，那么这就是他的强势。

2. 多给孩子尝试的机会

德国化学家奥托·瓦拉赫在开始读中学时，父母为他选择的是一条文学之路。不料一个学期下来，老师为他写下了这样的评语：“瓦拉赫很用功，但过分拘泥，这样的人即使有着完美的品德，也绝不可能在文学上发挥出来。”此时，父母只好尊重儿子的意见，让他改学油画。可瓦拉赫既不善于构图，又不会润色，对艺术的理解力也不强，成绩在班上是倒数第一，学校的评语更令人难以接受：“你是绘画艺术方面的不可造就之才。”面对如此“笨拙”的学生，绝大部分老师认为他已成才无望，只有化学老师认为他做事一丝不苟，具备做好化学实验应有的素

质，建议他试学化学。父母接受了化学老师的建议。这下，瓦拉赫智慧的火花一下被点着了。绘画艺术的“不可造就之才”一下子变成了化学方面的“前程远大的高才生”。在同类学生中，他遥遥领先。后来，瓦拉赫获得了诺贝尔化学奖，在化学上取得的举世瞩目的成就。

发现孩子的强势智慧，需要一个过程。对孩子来说，他需要的是更多的机会去尝试。因此，家长应该多给孩子创造条件，鼓励孩子勇敢地去尝试，在一次次的尝试中，发现孩子的兴趣所在，挖掘出孩子的特长，并加以正确的引导和培养。

3.避免对孩子进行强迫教育

要挖掘和培养孩子的特长，应该重视孩子学习兴趣的培养，不要强迫孩子，要学会对孩子进行启发式教育。属于孩子自觉想干的事情，其能力就能轻易地、牢固地为孩子所获得，因此，家长一定要注意尊重和引导孩子的兴趣，不能进行填鸭式的教育。

4.家长观念要正确，不能急于求成

孩子从产生某种兴趣，到发展成一定的特长，是需要一个过程的，家长不能急于求成，一味地硬逼孩子。比如，当孩子开始学某一种乐器时，一些家长往往揠苗助长、望子成龙心切，人为地给孩子加强“学习力度”，以“考级”、“获奖”或“获得众人较高的评价”来检验孩子学习乐器的水平，人为地给孩子加重了负担。家长这样的做法不仅达不到预期的效果，而且还会损害孩子学习的积极性，甚至让孩子丧失了学习的兴趣。

教子心经

每个孩子都会有自己与众不同的天资禀赋，家长要善于观察，正确鼓励和引导，挖掘并培养孩子的特长。当特长成为孩子的一种竞争优势时，孩子就更容易建立起自信，并将这份自信延伸到其他方面，勇敢地面对困难和迎

接挑战。

适度奖励会让孩子变得自信

当孩子表现好或取得好成绩时，父母都会感到高兴和欣慰。为了表达自己的满意和骄傲，父母往往会给孩子一些“奖励”作为表扬和鼓励。可是，家长们也渐渐发现，同样是奖励，对不同的孩子却有不同的效果，甚至对同一个孩子，在不同的阶段，奖励所带来的效果也会有所差别，甚至会截然相反。

有些孩子在奖励的激励下，充分体验到了成就感，找到了自身的价值，获得了自信心，更加努力地向好的方向发展，取得了更大的成绩。而有些孩子却将自己取得的成绩作为获得奖品的筹码，与大人做交易，变本加厉地要求提高奖励的物质价值，来满足自己日益增长的欲望。

“到底该不该给孩子奖励呢？”这个问题困扰着很多的家长。事实上，在孩子的成长过程中，适度地给予孩子奖励，能很好地帮助孩子建立起自信心，从而很好地增强孩子面对困难的勇气。

那么，家长在奖励孩子时应该注意哪些问题？怎样的奖励才算“适度”呢？

1.奖励要及时

年龄越小的孩子越要及早奖励，否则会使奖励失去效力。孩子对家长的许诺记得最清楚，如果答应了不兑现，或推迟兑现，都会给孩子一个不守信用的坏榜样。不要向孩子许诺自己做不到的事情，也不要用其他东西或奖励方式代替自己答应的事情。当孩子按要求去做了，就要按照事先说好的条件奖励他。

2.奖励必须是真实的

在对孩子进行奖励前，父母应该对孩子的行为有所了解，确定了之后再给孩子奖励。否则，就有可能出现这样的情况：孩子明明没有做这件事，父母却误以为他做了，然后就给了他奖励，这样的奖励只能刺激他对父母说谎。

3.交替使用不同的奖励方法

对孩子进行奖励的方法有很多，有物质上的，也有精神上的，由于孩子对新鲜事物永远充满好奇心，因此，家长应该经常变换奖励方法，这样可以保持奖品对孩子的吸引力，使奖励更加有效。

开家长会的时候，老师把小雪的妈妈单独留了下来。老师告诉小雪的妈妈，小雪很不自信，上课从不举手回答问题，被老师叫起来也是满脸局促，下课也不爱和同学一起玩，不爱说话，总是一个人坐在位置上。妈妈听后，很担心。

回家后，妈妈绘制了一张表格，并把它贴在客厅最显眼的位置。妈妈对小雪说："只要你每天主动回答老师提出的一个问题，妈妈就奖励你一颗星星。等你攒够4颗星星的时候，妈妈就带你到小区里的玩具超市给你买一件你想要的玩具。等你攒够7颗星星，我们一家人就可以一起出去玩一次，地点由你来决定。"小雪听完妈妈的话后，高兴极了，她有好多喜欢的玩具，也有好多想去的地方，她对妈妈说："妈妈，我一定能拿到很多的星星！"就这样，小雪开始主动举手回答问题，一天天变得自信起来。

如果奖励的方式过于单一，一段时间后，孩子就会失去兴趣，奖励也就失去了效果。小雪的妈妈就是抓住了孩子的这种心理，针对孩子的不同情况，给出不同的奖励，既有物质的，也有精神的，激励着孩子不断地进步。

4.奖励不能过于频繁

奖励应该是点缀式的，偶尔来一次，不能什么都实行奖励制度。奖励过于频繁，很容易产生负面效应。今天作业做得清楚，奖；明天考试考得好，奖；星期天做了一些家务，也奖……家长这样的做法容易使孩子产生这样一种心理："你不奖我就不做，我做了，你就应该奖励。"如果孩子把获取奖励当作了自己的目标，家长的奖励也就背离了最初的目的了。凡是孩子应该做到的，比如，按时起床上课，认真完成作业，做一些简单的家务等都不应该奖，需要奖励的应该是那些需要孩子通过努力才能做到的事，或者是孩子表现比较突出、进步比较明显的行为。

5.要奖在不经意处

不经意处，就是自己也没注意或没想到的地方。有时，父母可以对孩子渐渐形成的，自己也没有注意到的良好习惯，或偶尔的一次良好表现给予特别的奖励，以进一步强化孩子的这种习惯和表现。比如，孩子平时骑车后从来不擦车，这次却不知道什么原因，很自觉地擦车，而且还擦得很干净，那么，不妨给孩子一定的奖励，给他一个惊喜。再比如，孩子班里的一个同学出了车祸，住在医院里，孩子自作主张，用自己的零用钱买了点礼品去看望同学。这时候，家长也不妨给予奖励，对孩子的这种行为进行充分的肯定和赞赏。

教子心经

当孩子取得进步时，适时适度地给予孩子奖励，能很好地强化孩子的成功体验，增强孩子的自信心，并激励孩子去克服更多的困难，从而帮助孩子实现自我的突破。

帮助孩子克服羞怯心理

姗姗今年刚升上初中，不知道为什么，她变得越来越害羞，上课不敢主动举手回答问题，遇到陌生人的时候，也总是满脸通红，一副羞怯的模样。班上有什么集体活动时，她总是喜欢跟在别人后面，别人干什么，她就干什么。暑假的时候，姨妈想让姗姗去帮表弟补习英语，姗姗想都没想就拒绝了。妈妈问她为什么不去，她回答妈妈说：“我不好意思！”

其实，生活中，像姗姗这样有羞怯心理的孩子并不是少数。大多数羞怯的孩子都不愿意主动与他人交往，不愿与同龄的孩子在一起玩，喜欢逃避课堂讨论，不主动发言，不愿在公开的场合抛头露面，做什么事情都要家长陪伴，不能单独外出，怕见陌生人，在陌生人面前不知如何应对，说话爱低着头，声音比较小，爱脸红，说话办事都爱在别人后面，甚至连笑也不敢先于别人。

从心理学的角度来看，羞怯是一种情绪，每个人都有过羞怯的经历，这是非常正常的，只是羞怯的程度和时间的长短不一样罢了。不少家长认为，孩子大了，羞怯感自然会消失，这无足轻重。其实不然，有的人到成年以后还摆脱不了羞怯，以致形成了“社交恐惧症”，影响到自己健康人际关系的建立和事业的长远发展。

羞怯从本质上看，是一种不自信的表现，如果不能加以克服，孩子就容易产生畏惧、退缩的心理，也会错过不少机会。因此，家长应该重视孩子的羞怯体验和行为，帮助孩子克服羞怯心理，这对提高孩子的逆商也是很有帮助的。

1.要多给孩子以抚慰

家长要多关注孩子，多抽时间陪伴孩子，多和孩子聊聊天，了解孩子的内心活动。家长要用平等的眼光来看待孩子，尊重孩子，信任孩子，和孩子成为好朋友，给孩子足够的安全感。

2.要多鼓励孩子

每个孩子都希望得到别人的肯定和表扬，胆怯的孩子更是需要。胆怯的孩子本身就自卑，缺乏勇气，在做某件事之前，预见的结果往往是自己不行。如果这时家长能适时给他一些鼓励，增加他的勇气，他一定会把事情办得很好。

有一个8岁的孩子这样描述羞怯时的感觉：“那种感觉自始至终如咒语一般镇住了我，我什么也做不了。”可是他的母亲却总是鼓励他要勇敢，不止一次地对他说：“妈妈相信，不管什么事，你都能把它干好！”男孩说，每当母亲这样鼓励他时，他就浑身轻松，充满了力量，就像“王子来到我身边解除了咒语”一样。可见，对羞怯的孩子来说，父母的支持和鼓励是多么重要。

3.遇事多和孩子商量

家长最好不要在孩子面前滥用家长的权威，尤其是在羞怯的孩子面前。家里的事，尤其是与孩子有关的事，要多征求孩子的意见，鼓励孩子大胆地说出自己的想法和意见。例如，带孩子去公园，要征求孩子去哪个公园，准备带些什么，让他觉得自己是重要的，是被需要的。这样孩子就会以主人的姿态出现，就能树立起自己的自信心。

4.教孩子克服羞怯的技巧

父母还要教会孩子一些克服羞怯的方法和技巧。比如，见到老师要怎样打招呼，和小朋友玩的时候要怎么相处，怎么样提出自己的意见，怎样表达自己的感受等。父母可以采用场景预言法，在家中模拟可能遇到的场景，对孩子进行训练，这样，孩子在面对真实环境时，就会有心理准备，知道该如何应对。即使是天生较为羞怯的孩子，在经过一段时间的训练后，再面对新的情况时，也会减少内心的羞怯和恐慌，渐渐变得外向开朗起来。

5.鼓励并支持孩子交友

羞怯的孩子常常会因为担心别人看不起自己，或是害怕给别人添麻烦而不去交友。这时家长就应该鼓励他，并帮助他创造一定的交友条件，比如，可以邀请亲朋好友或比较熟悉的孩子到家里来玩，克服他交友的恐惧心理，然后鼓励他在同学中交朋友。当孩子带朋友到家中时，家长要表现出热情，别不当回事，以增加他的勇气。

6.教孩子一两门特长

有一技之长的孩子，就比别的孩子多一份优越感，少一份自卑感，在社交中，就显得更潇洒。同时，孩子有了特长，至少能在有同样爱好的孩子中找到知音。因此，家长可以结合孩子的兴趣爱好，挖掘培养孩子某一方面或某几方面的特长，增强孩子的自信心。

7.善于发现孩子的长处

羞怯的孩子往往认识不到自己的长处，只看到自己的短处，进而产生自卑心理。事实上，每个孩子都会有自己的闪光点，家长要做到的，就是多关注孩子，利用日常生活和学习的细节来帮助孩子看到他所忽视的长处。孩子一旦认识到了自己优点和长处，他的自信心就会重新显现，这样性格也会变得开朗、乐观起来。

教子心经

具有羞怯心理的孩子，做任何事都怕做不好，即使自己知道能做也不肯做，总担心“我不行”。这种心理不仅影响孩子正常的学习和生活，还会影响孩子逆商的培养和提高。因此，家长一定要多关心孩子，多鼓励孩子，尽早帮助孩子克服羞怯的心理。

不要把过高的期望加到孩子身上

不少父母望子成龙、望女成凤的心情非常迫切，父母对孩子期望值过高的现象普遍存在，有的甚至已经成了一种心理病态。

不可否认，天下没有不爱孩子的父母，父母对孩子给予期望也是情理之中的事，是可以理解的。但是，父母应该把握好对孩子的期望标准，一旦父母的期望标准背离了孩子身心发展的内在规律，远远超过了孩子的能力范围时，就会严重影响孩子的性格发展和身心健康。

1.过高的期望会让孩子丧失自信心

在孩子尚小的时候，对自己的评价基本上来源于成人的评价与期望。成人的评价与期望，犹如一个标杆，让孩子对自己的行为与成就做出衡量。

心理学家指出，当孩子跳一跳就能摘到“果子”时，他就会自觉地朝着这一目标努力，并体验成就感；反之，如果父母不顾实际地把标杆设置过高，完全超过了孩子的能力范围，孩子一次次奋力跳起，却总也够不到诱人的“果子”时，一次次的失败体验就会让使孩子陷入习得性无助的境地。这种习得性无助会摧毁孩子的自信，在今后的学习和生活中，孩子会习惯性地认为，不管自己怎么努力也做不好，孩子会变得孤独、无助、沮丧、自卑、消沉，从此选择逃避，甚至一蹶不振，最后连尝试的勇气都消失殆尽，甘愿自暴自弃。

2.过高的期望会让孩子产生内疚和自责

有一类孩子听话懂事、温顺乖巧，习惯于服从成人的命令，会把父母的期望和要求内化为自己的期望和要求，把父母设定的标准自觉地当作自己行动的准则，按父母的标准来行事，希望成为父母和老师心中的好孩子。

这本来也是好事，但是如果父母对孩子的期望太高，要求过严，就会导致孩子过于苛求自己，自我设置一些不切实际的目标，向自己施压。一旦达不到目标，孩子就会产生内疚感和自责心理，甚至形成强迫型人格障碍。

一个孩子曾这样描述自己的内心感受："我觉得自己很没用、很无能，每当看到父母满怀期望的目光，我的心里就非常难过，不知如何才能达到父母的要求。我知道我应该更努力地去学习，可是我却总是静不下心来，甚至一看到书就感到害怕，真想把它撕得粉碎……"

有调查表明，在我国17岁以下的青少年中，心理障碍患病率在逐步上升。专家分析后指出，父母对孩子的期望值过高，是孩子产生压力的主要原因。

3.过高的期望会让孩子产生对抗心理

有一个女孩，有一双漂亮的手，十指纤纤、修长柔美。父母希望她将来能成为一名钢琴家，于是他们想尽办法让孩子学琴，投名师，请家教，陪着、看着甚至逼着孩子练琴。为此他们付出了很多心血，也花了很多钱。可是女孩却厌倦了这样的生活，她羡慕楼群间自由奔跑的同龄人，反感父母的严厉和苛责。终于有一天，她趁家中无人，抓起菜刀，毅然挥向了自己美丽的手……尽管女孩很快就被人发现并送往医院，但是她却再也不能弹钢琴了。父母伤心不已，女孩却觉得自己得到了解脱。

如果父母把过高的期望强加到孩子身上，总是强迫孩子去做他不喜欢做的事，逼迫孩子去完成他根本不可能完成的任务，就很容易激起孩子的对抗心理。面对父母的要求，他们或者是阳奉阴违，消极抵抗，或者是忤逆和对抗，甚至用过激的言行刺激父母，从而引发严重的亲子冲突，影响到家庭的和谐和孩子的健康发展。

可见，不考虑孩子的实际情况，把过高的期望强加到孩子身上，将会给孩子的健康发展带来极为不利的影响。因此，父母对孩子的期望一定要适当，并根据孩子的实际情况及时进行调整。

那么，父母应该如何正确把握对孩子期望的“度”呢？

1.期望的内容不应局限于智能与学业

一个人能否取得成功，不仅仅是通过智能和学业成绩来决定的。家长对孩子的期望不应该仅仅局限在智能与学业上，还应该注重孩子实际能力的培养，以及坚强性格的养成。成才的路不止一条，父母不应该用同一个理想的模子来培养孩子。

2.期望水平应切合孩子的能力与爱好

父母应尊重孩子、赏识孩子，对孩子的期望应该以孩子的能力水平与志向爱好为出发点，而不应以周围人甚至父母自己的理想作为期望的出发点。只有这样，父母的期望才能起到积极的作用。

3.期望的表达方式应适度合理

父母还应该注意自己的表达方式。孩子的内心都渴望得到关注、尊重以及肯定，如果父母经常对孩子进行积极肯定的评价，孩子就容易形成自信向上的性格。相反，如果父母总是采用否定的评价，言行举止、语调表情中常常流露出对孩子的不满与失望，孩子的情感无法得到满足，也就无法产生相应的行为动机，自身的潜能也就得不到发展。

教子心经

父母过高的期望，只会给孩子带来巨大的压力，让孩子产生各种不良的情绪，让孩子逐步丧失自信，失去战胜困难和挫折的勇气。父母在对孩子进行挫折教育时，一定要尊重事实和孩子的能力，给孩子合理的期望，科学地引导和开发孩子的潜能，激励孩子不断向前发展。

第五章 在挫折面前，让孩子变得坚强

人的一生从来不会一帆风顺的，漫漫人生路，苦乐相掺，悲喜相伴，往往挫折坎坷比平坦之路更多。挫折会伴随每个孩子的一生，成为他们人生的一部分。在挫折面前，只有让孩子变得坚强，才能不断地提高孩子的逆商。让挫折成为孩子成长的基石，孩子才会成为未来的强者。

从小培养孩子坚强的意志

一个人要想取得成功，必须要有坚强的意志，正如苏东坡所说："古之立大事者，不唯有超世之才，亦有坚韧不拔之志。"只有有了坚韧不拔的意志，我们才能克服各种困难，不怕挫折，奋力拼搏，才能在逆境中创造奇迹。

生活中，常听到父母这样抱怨："我的孩子干什么事都没有耐性，总是半途而废，要能坚持就好了。""孩子做事犹犹豫豫，优柔寡断，没有果断性。""孩子总想学好，可是自己控制不住自己，自制能力太差。"……

其实，孩子自制力差，做事容易半途而废，都是因为缺乏坚强的意志。坚强的意志不是天生的，主要靠后天的教育和培养。因此，父母应该尽早把培养孩子坚强的意志纳入挫折教育中来，为孩子的健康成长和长远发展打下坚实的基础。

1. 摸清孩子意志薄弱的方面，分析原因

每个孩子都有一定的意志力，只是强弱不同，如果具体分析，其强弱的具体环节也不同。因此，培养孩子坚强的意志，就要从孩子的实际出发，摸清孩子意志薄弱的方面和环节，找准弱点，并分析原因，有针对性地采取措施进行引导和教育。

比如，那些做事虎头蛇尾的孩子，确实很让人头疼。可是，只要我们仔细分析，就会发现，这些孩子往往能够很快确定目标并采取行动，他们的弱点则在于坚持性和自制力上。对待这样的孩子，在确定目标之后，父母就要给他打预防针，提醒他一旦行动起来，就要克服困难坚持下去。在行动过程中，父母要引导孩子正视困难，鼓励孩子克服困难，不断提高孩子的自我管理能力，不断地激励他。在接近目标时，更是不能放松，要让孩子懂得“行百里者半九十”的道理。通过父母有意识地引导和督促，孩子的薄弱环节就会得到扭转。

再比如，有的孩子采取行动前，总是犹犹豫豫，很难下定决心，而一旦行动起来之后，就能很好地坚持。对这样的孩子，父母就应该加强孩子决断性的训练。在行动的起始阶段，父母要引导孩子积极地分析利弊因素，结合实际情况，尽快确立行动的目标，逐步培养孩子的果断性。

2.指导孩子制定合理的目标

目标对行为有着很强的导向和激励作用，孩子心中有了明确具体的目标，他就会为实现目标去努力，表现得坚毅、顽强和勇敢。因此，父母应根据孩子的年龄、智力、兴趣爱好等特点，指导孩子制定合理的目标。目标应该分为短期和长期两种，短期目标要具体明确，具有很强的可执行性，要让孩子明白只要自己努力，就一定会达到；而长期目标要定得高远，具有长远的指导性，最好为孩子提供一个具体的榜样，这样孩子更易理解和接受，也更容易看到希望。

3.从小事做起，磨炼孩子的意志

“千里之行，始于足下。”从小事做起，持之以恒，是磨炼孩子意志的一个好方法。父母可以从生活学习中的小事入手，督促孩子养成持之以恒的好习惯。比如，让孩子每天都坚持按时起床，每天都坚持跑步，坚持每天预习，认真完成作业等，这些虽然都是小事，但是如果孩子能坚持做到，从不间断，那么孩子的意志就能得到很好的锻炼。

当然，从小事做起，只是起点。培养坚强的意志，要随着孩子的成长和进步，从小到大、从易到难、从低到高地磨炼孩子。只有这样，孩子才能一点点变得坚强，才能迎接更多的困难和挑战，不断提高自己的逆商。

4.为孩子设置必要的障碍

坚强的意志不是天生的，而是在困难中磨炼出来的。父母要让孩子从小就认识到挫折是不可避免的，更要让孩子学会凭借坚强的意志去战胜它。父母可以在平时的生活和学习中，为孩子设置一些必要的障碍，给他创造一些“逆境”，以磨炼孩子克服困难的毅力。

5.让孩子学会“跟自己作对”

人贵有自知之明。因此，家长要注重帮助孩子认识自己意志的水平，发现自己的不足。但是，有的时候，家长也要让孩子学会“跟自己作对”，鼓励孩子勇敢地挑战自我，超越自我。有志气的孩子，应该充满自信地对自己说：“我就不相信我不能改正缺点，别人能做到的，我也能做到！别人做不到的，我也要争取做到！”要教育孩子：明确行动的目的，选择适合的方法，一旦行动，就要有“不达目的不罢休”的勇气和坚持。当然，学会“跟自己作对”，也要避免盲目性，不能冒险，更不能脱离实际。

6.适时激励表扬孩子

赞扬可以提高孩子的自信心，有利于孩子意志的锻炼。父母多关注孩子，注意到他们在活动中通过努力表现出来的点滴进步，并适时、适度地给予肯定和赞赏。赞赏的微笑、亲切的抚摸、友好的合作，对孩子来说都是很好的鼓舞。

教子心经

培养孩子的坚强意志，是提高孩子逆商的一个重要内容。孩子只有拥有了坚强的意志，才能勇敢地迎接困难的挑战，持之以恒地朝着既定的目标努力。

让孩子成为一个有耐心的人

一个人做事没有耐心，是意志力薄弱的表现。从某种意义上来说，一个有耐心的人才能成为一个坚强的人。

在生活中，常听到一些家长抱怨自己的孩子：“我这孩子并不比别的孩子笨，就是没耐性，做事总是虎头蛇尾，半途而废。”可见，孩子做事缺乏耐心是一件让很多家长都感到头疼的事。

在心理学上，耐心属于意志品质的一个方面，即耐力，它与意志品质的其他方面，如主动性、自制力、心理承受力等都有一定的关系，它也是孩子逆商所包含的一个重要方面。培养孩子的耐心对孩子的成长和成才有着很重要的意义，因为耐心是孩子各方面素质发展的基础，素质的培养有赖于良好的耐性和坚持。

怎样才能让孩子成为一个做事长久、有耐心的人呢？

1. 为孩子做好榜样

许多孩子没有耐心，是因为家长自己做事也是虎头蛇尾。孩子总是在默默观察和模仿父母的行为模式，如果父母做事毫无规律，一会儿扫地，一会儿洗碗，还没有放下扫把就去拿抹布，孩子就会跟着学，做起事来当然也会三心二意，马马虎虎了。所以，要想让孩子有耐心，父母首先要有耐心地去做好每一件事情。比如，晚上父母可以跟孩子一起学习，当孩子不断地起身、坐下时，父母要控制好自己的情绪，坚持看书，孩子见父母能够耐心地看书，也会受到一些感染，慢慢静下心来。

2.给孩子定好标准

孩子缺乏耐心，可能与家庭教育规矩、规则的缺乏有关。有些家长对孩子的要求往往虎头蛇尾，比如，说好一定要画完画才吃冷饮，后来却主动提前给孩子吃了；说好先画完画再去洗澡，后来却又要求孩子先去洗澡再来画画等。家长这样的做法，只会让孩子养成半途而废的习惯，对孩子耐心的培养没有一点帮助。

父母在要求孩子做一件事情之前，要先跟孩子约好这件事必须耐心地做完；如果没有完成不仅需要补上没做完的，而且还得再增加时间来处理相关的事情。这样，孩子就能够有计划地去做事，也能够在一定的时间内耐心地把事情做完。

3.让孩子明白耐心的重要性

父母一定要让孩子明白，耐心和执着是做好每一件事、取得成功的关键。只有从思想上给予充分的重视，孩子才能在行动上有所改观。

童第周是我国著名的生物学家，父亲为了让他从小就明白耐心的重要性，特意给他题了“滴水穿石”的条幅，父亲还告诉他：“世界上没有穿不透的顽石，只有没有耐心的人。”父亲去世后，大哥安排童第周到宁波师范预科学校读书。只读了一个学期，童第周就提出要考当时全省著名的效实中学。哥哥听了他的想法后，摇了摇头，对他说：“效实中学是用英语讲课的，你的英语根本不行，肯定考不上的。”童第周却始终记得父亲的教诲，他相信滴水能够穿石，只要自己耐心学习，就一定能够考上。

为了准备考试，童第周坚持自学英语，每天除了吃饭外很少离开书房。终于，童第周考上效实中学。在效实中学，童第周又用滴水穿石的精神，使自己的成绩从刚入学的倒数第一上升到了全班第一。

家长可以通过给孩子讲一些名人小时候的故事，或是给孩子找一些身边的榜样，让孩子在听故事的同时，认识到耐心的重要性。

4.从身边的小事来培养

在日常生活中，任何小事情都可以用来培养孩子的耐心。例如，洗碗、擦桌子、收拾房间等。刚开始，孩子会漫不经心地边做边想玩，这时家长可以站在一边督促孩子，让孩子用心地去做，直到他把碗洗干净、饭桌擦干净、房间收拾整洁。要让孩子明白，任何事情都要耐心去完成。

在经历过小事的锻炼后，家长应该再有意识地给孩子设置点障碍，为孩子提供一些克服困难的机会。因为耐心是坚强意志磨炼出来的，越是在困难的环境中，越能锻炼孩子的耐心。要鼓励孩子做事不能半途而废，要坚持到底。孩子经过努力完成一件事时，父母应当及时给予表扬，强化孩子耐心做事的好习惯。

5.让孩子学会等待

很多父母都有过这样的感受，孩子没多大的耐心，只要想到一件事，就希望立刻去做，一分钟都不能等，否则便会不停地纠缠。遇到这样的情况，父母一定要坚持原则，不能因为孩子任性哭闹就做出让步。

刚吃完晚饭，妈妈正忙着收拾东西时，7岁的小帆就开始叫道：“妈妈，我要到公园去玩！”妈妈说：“等一下，等妈妈收拾完东西一起去。”“不要！我要现在就去，你回来再收拾吧！”小帆开始坚持。妈妈摇摇头拒绝道：“不行！做事情就要一件一件做，妈妈要先收拾完才能跟你一起去。你先等一会，看一会儿昨天刚买的童话书，妈妈很快就收拾完了。”说完，妈妈便头也不抬地继续收拾屋子了。等妈妈收拾完东西回到客厅的时候，发现小帆正拿着童话书看得津津有味。

事实上，只要父母能坚持原则，耐心地向孩子说明等待的原因，不事事满足孩子的要求，孩子的耐心也就会慢慢地培养起来。

6.三分钟耐性训练

如果孩子对学习没有耐性，总是沉迷于玩耍当中，父母可以试试“三分钟耐性训练法”。借助孩子感兴趣的事情，利用激将或是竞争的方法，使孩子的注意力在一定时间内专注于某一对象，久而久之，孩子形成了习惯，也就提高了耐性。

教子心经

孩子做事缺乏耐心，就会三心二意，虎头蛇尾，孩子做事总是半途而废，便难以取得成绩，获得成功。因此，父母要注重从小培养孩子做事的耐心，这不仅对孩子的学习有帮助，而且对孩子今后的人生也会产生积极的影响。

帮助孩子克服胆怯的心理

有不少父母在谈到自己的孩子时，常常忧心忡忡：“我家的孩子在陌生人面前都不敢大声说话，不知道为什么那么没胆量？现在社会竞争越来越激烈，孩子这样的性格将来走入社会可怎么办呀？”其实，胆怯是一种很正常的行为，在成人中也很常见，只是孩子由于年龄和社会经验的限制，在这方面表现得更为明显。

但是，父母不可因此就掉以轻心，因为，如果孩子在很多事情上都表现得畏惧、退缩，不愿主动去尝试，不能表达自己的想法和观点的话，就会严重影响到孩子的生活、学习和将来的发展。父母应该积极地帮助孩子克服胆怯的心理，让孩子变得勇敢起来。

1.深入了解孩子害怕的原因

孩子胆小怯懦的原因是多方面的，父母应该多了解孩子，帮助孩子分析害怕的原因。有的孩子可能天生就胆小，有的孩子可能是因为曾经经历过很多次的失败，造成了心理恐惧，父母过多的责骂也会让孩子变得胆小。家长要弄清楚孩子产生害怕的原因，然后有针对性地进行安慰和引导。比如，如果孩子的胆怯是因为多次的失败体验，那么家长可以教给孩子做事情的方法，帮助孩子再做一次，让孩子体验到成功，孩子心里的阴影被驱散了，自然也就不再害怕了。

2.多给孩子体验的机会

家长要尽可能地多给孩子创造体验生活的机会，让能力弱的孩子变强，并找到勇气，开辟一条广阔的生存之路。如，让孩子经常参加夏令营、冬令营等集体活动，多体验不同于平时学校、家庭的生活。在日常生活中，还可以让孩子到邻居家借东西，到附近商店买东西。孩子在生活中经历的事情越多，胆子就会越大，而孩子的经验越多，也就会更加自信、坚强。

3.用鼓励来消除孩子的紧张感

胆怯的孩子，在家或幼儿园易受到外界的忽视或歧视，孩子会感到自卑，越是自卑越不敢抬头大声说话，以致恶性循环。消除孩子的胆怯，需要更多的鼓励。只要孩子有进步，哪怕不如家长所期望的，也要给予热情和真诚的鼓励。孩子在父母的鼓励中，会产生被认可、被接受的感觉，信心和勇气也会逐渐建立和培养起来。

4.多与老师沟通，争取老师的帮助

学校是孩子生活和学习的一个重要场所，多与老师沟通，争取老师的帮助，是帮助孩子克服胆怯心理的一个重要途径。胆子小的孩子在群体中易被忽视，而且也最容易相信老师的权威和评价。家长可以与老师沟通，请老师给予孩子必要的关怀，多鼓励孩子，多给孩子一些表现的机会。

5. 家长巧妙地向孩子示弱

在生活中我们不难发现，许多比较好强的父母，他们的孩子却反而显得不太强。这是因为父母太强了，压制了孩子的个性，使孩子处于俯首听命的状态，限制了孩子自我发展的空间。其实，父母完全没必要事事抢在孩子前面，把他们照顾得无微不至，必要的时候，不妨向孩子示弱，寻求孩子的帮助，把责任的接力棒传到孩子的手中，这样常常能起到事半功倍的效果。

需要注意的是，向孩子示弱要巧妙，得有方向性。比如，想让孩子语言表述能力强一些，就要经常向他提出一些需要多说的问题，让他发挥口才来解答。只有有针对性，才能取得显著的效果。

6. 在孩子心中树立一个保护者

家长可以为孩子树立一个保护者，一旦孩子遇到了可怕的事物，他就会想到会有更厉害的人来保护自己，就不会因为无助而陷入恐慌。这个保护者可以是爸爸，也可以是孩子心中的英雄，只要是可以给孩子带来勇气和力量的人物，都可以充当这个角色。

最后，家长要注意的是，改正孩子胆小的毛病，不能操之过急，要慢慢试着来。有些家长恨铁不成钢，整天大声地斥责孩子："你怎么这么没用"，"胆小鬼"，"你怎么这么不争气"等，结果孩子受这种消极暗示的影响，更觉得自己不行，什么都不敢做，哪里都不敢去，胆子也会越来越小。由于得不到外部力量的帮助，还可能会引起孩子其他的心理障碍。

家长应该多想些办法，在自然、宽松的环境中，使孩子的潜意识发生变化，由于这种变化是在无意中进行的，孩子也就更容易接受，就能取得较好的效果。

教子心经

胆怯是提高孩子逆商的一个重要障碍，因为，胆怯的孩子常常不能很好地表现自己，不敢去尝试很多事情，稍微遇到一点困难和挫折就会逃避、退缩，没有面对的勇气，更不要说积极采取行动战胜挫折、走出逆境了。所以，家长一定要多关心孩子，多给孩子一些鼓励，帮助孩子驱散胆怯的心理，让孩子勇敢地去面对生活。

责任会让孩子变得坚强

小磊今年10岁了，可是一点儿也没有“小男子汉”的气概，做事总喜欢挑着简单的做，随便遇到一点儿困难就会逃避退缩，如果非做不可，也得要父母在一旁监督提醒，否则，他就会半途而废。小磊的表现让父母很担心，于是，父母商量后决定送小磊去参加一个暑期夏令营。

夏令营的活动都是户外的，而且要求孩子独自参加。尽管很不放心，但考虑到孩子将来的发展，父母还是狠下心把他送到了队伍里。一个星期后，父母再次见到小磊的时候，感觉他像是变了个人似的——不再一脸的不耐烦，脸上总是带着自信、坚毅的微笑；不仅能很好地打理自己的生活，还会主动帮助父母做家务；做事也不用总是要父母督促，能很好地坚持到底……父母感到很吃惊，细细询问起夏令营活动的细节，这才找到了答案。

原来，夏令营的所有活动都是以小组为单位，而小磊因为个儿高的缘故，被同组的同学推选为小组长。这样一来，小磊不仅要照管好自己，还要照顾其他的组员，之前什么也不懂的他，不得不一点点学习生活的技能。最让小磊难忘的一个活动环节叫“夜行军”，孩子们要背着自己的背包，在夜里行走很长的路，各小组之间还要进行比赛，表现不好的小组，活动结束后，组长就要代小组的其他成员接受惩罚。

听到这，父母忍不住问小磊：“那么远的路，你怎么能坚持下来呢？”要知道小磊平时可是连多动一下都不愿意。小磊回答说：“因为我是组长，我有责任带领我的组员完成任务，我一定不能先放弃。这么一想，我就浑身充满了力量，一点儿也不觉得累，我还不停地给组员加油打气。最后，我们小组一个同学都没落下，最先到达了目的地！”说到这，小磊骄傲地笑了起来。父母也为他感到高兴，同时他们也认识到这样一个道理：责任可以让孩子变得坚强。

确实如此，责任往往可以让人忘记害怕，变得坚强，超越自身的怯懦，坚持到底，创造出奇迹。对孩子来说，也是如此。要提高孩子的逆商，让孩子变得勇敢坚强，父母就要学会把责任的接力棒交到孩子手上，从小培养孩子的责任心，鼓励孩子勇敢地承担责任，并积极地去履行自己的责任。

那么，家长应该如何在日常生活中培养孩子的责任心呢？

1.让孩子学会自我服务

培养孩子的责任心首先就要求家长放弃对孩子的溺爱，让孩子去做一些力所能及的事情，让孩子学会自我服务，让孩子去为自己多承担一些责任。比如，玩完的玩具要自己收拾好，自己的房间要自己打扫，穿脏的袜子自己去洗干净，起床后要自己整理床铺，早晚洗漱要自己照顾自己，家庭作业要自己独立完成等。

2.让孩子品尝一下缺少责任心的苦果

孩子尚处于成长之中，他对一些事情表现出没有责任感也是正常的，因为他许多时候的确不太清楚这样会对他有什么不好的影响，所以，为了培养孩子的责任感，家长可以适当地让孩子品尝一下办事情不负责任的苦果，孩子一旦尝到了苦果，自然就会提高警惕，下次做事情的时候自然就不再会马马虎虎、草率了事了。

比如孩子上体育课忘了穿运动鞋，他打电话央求父母给他送去，这时父母就可以拒绝孩子的要求，尽管让他去挨老师的批评好了，孩子尝到了苦头之后就会多长点记性；孩子平时东西喜欢乱拿乱放，提醒他多次也不起作用，某天他的作业特别多，而且又急需一本参考书，可是找了半天也没有找到，家长这时也不要因为顾忌影响孩子的作业而帮他找，尽管让他去费时费力地找好了，反正作业总归是要完成的，他耽误的时间越长他就只能休息的越晚，给他留的印象也就会越深刻。

3.让孩子参与家庭生活

家长要把孩子看作是与自己地位平等的独立的个体，让孩子参与到家庭生活中来，增强孩子的主体意识，提升孩子在家庭里的主体地位。父母可以分配给孩子一些家务劳动，家里的一些事情，尤其是与孩子相关的事情，都可以让孩子参与进来，征求孩子的意见，让孩子帮着出谋划策，对孩子提出的好建议好想法要积极采纳并加以表扬和鼓励等。当孩子体会到了他在整个家庭里并不是可有可无的，他确实是被整个家庭所需要的时候，他对家庭的责任感便会油然而生，就会尽力把该做的、能做的事情做到最好。

4.不要让孩子逃避推卸责任

美国前总统里根小的时候，一次踢球时不小心踢碎了邻居家的玻璃，邻居向他索赔12.50美元。小里根没钱，只好跟父亲要。父亲说："这钱我可以借你，一年后你要还给我。"从那以后，里根每逢周末或假日便外出打工，经过半年的努力，他终于把钱如数还给了父亲。他后来回忆起这件事情时说"通过自己的劳动来承担过失，使我懂得了什么叫责任”。

要想培养孩子的责任感，家长应当要求孩子勇于对自己的言行负责，不论孩子有什么样的过失，只要他具备承担责任的能力，就要让他去勇敢地面对，而不能让他逃避和推卸责任，更不能由大人越俎代庖。

教子心经

强烈的责任感，会让孩子变得勇敢，变得坚强，因此，培养孩子的责任心，对提高孩子的逆商有着重要意义。家长要让孩子懂得责任心的重要性，要求并鼓励孩子对自己的生活和学习负责，尽全力做好每一件他应该和可以做到的事情。家长还应该以身作则，为孩子树立好的榜样，让孩子成长为一个勇于担当，有恒心、有毅力的人。

鼓励孩子参加体育锻炼磨炼意志

晴晴11岁了，身体一直都不好，用妈妈的话说就是“吃药长大的”。每当冬天来临，晴晴就没完没了地感冒，三天两头地请假在家休息，把功课也给耽误了。后来，晴晴的妈妈从一位健身教练那里得知，健美操是一种有氧运动，能提高身体的抵抗力，锻炼人的心肺功能，所以就给晴晴办了一张健身卡，每星期都带她去练健美操一到两次。

刚开始练习时，由于长时间没有运动，晴晴浑身上下觉得疼痛。她有点儿想放弃，但是在妈妈的鼓励下，她还是坚持下来了。一个月的时间过去了，晴晴再也不会因为练健美操而感到身体不适。相反，她渐渐感觉练完健美操身心舒畅，学习时也更有精神。让妈妈感到欣慰的是，晴晴的体质增强了许多，不再像以前那样经常感冒，也变得比以前更坚强了。

著名小学教育家斯霞曾有“三品”之说，即“智育不好出次品，体育不好出废品，德育不好出危险品”。研究表明：“运动不仅能增强孩子的体格，拯救孩子的体质危机，还能提高孩子的耐挫力，培养孩子坚韧的性格，激发孩子的活力和积极进取的精神。”因此，在孩子的成长过程中，父母有必要把体育锻炼放在孩子教育的重要位置，要鼓励孩子积极参加体育锻炼，磨炼孩子的意志，提高孩子的逆商。

孩子做事往往缺乏自觉性和毅力，对事情的兴趣也较容易转移，如果父母放松督促，孩子在体育锻炼上也可能出现“三天打鱼，两天晒网”的现象，这样自然会降低体育锻炼的效果。那么，父母应该怎样帮助孩子养成坚持参加体育锻炼的好习惯呢?

1.告诉孩子“身体是革命的本钱”

在所有人眼中，小华都是一个学习勤奋、刻苦的好学生，各科成绩都很优异。在学校认真学习不算，每天放学后，小华就匆匆回家，然后学习到深夜。她每天的生活都在模式化中进行，基本上是两点一线：教室—家。她几乎把所有的时间都花在了学习上，连学校的早操锻炼都不愿参加，体育课也总是找借口请假。长期缺乏体育锻炼，小华的身体条件特别差，感冒是家常便饭，而且时常头晕耳鸣。老师建议小华应该多参加体育锻炼，小华却不以为然，小华的父母也觉得她应该抓紧时间学习。结果，中考前夕，小华因为精神压力过大，身体超负荷，晕倒在教室里。小华的家长后悔不已。

因为体质差，直接影响了孩子的学业，我们应该以此为教训。对孩子来说，学习无疑是主要任务，然而体育锻炼同样不可忽视，因为，要想在学习中取得好成绩，足够的精力和体力是必要的保证，而这必须通过体育锻炼获得。家长应帮助孩子正确认识体育锻炼的重要性，让孩子明白“健康的体魄是做好任何事的前提”，良好的身体素质是获取成功的重要条件。

2.和孩子一起参加体育锻炼

孩子往往怕吃苦，又缺乏毅力，很多孩子对于体育运动是能躲则躲，能逃就逃，除了学校的体育课，很少有运动意识。让孩子动起来，强身健体，离不开父母的督促和提醒，而更有效的办法就是抽出时间和孩子一起参加体育锻炼。这样不仅保证了孩子的体育锻炼时间，父母自己的体育课也补上了。

3.丰富体育锻炼的内容

体育锻炼不应该拘泥于固定的形式，只要适合孩子的身体状况、能起到强身健体作用的运动或游戏，都可以纳入到家庭体育锻炼的范畴之中来。可以跑步、游泳、打球，也可以散步、跳绳、游戏，家长可根据孩子的兴趣和精力，进行灵活的选择和安排。

4.要注意保护孩子的兴趣

由于孩子的注意力不够集中，容易疲劳，因此，家长要引导孩子合理安排锻炼时间和锻炼的强度，要避免引起他的厌烦情绪，进而影响到锻炼的兴趣和效果。每天可以在早上或下午锻炼半小时左右，下午活动不能过于激烈，以免过度疲劳。

5.体育锻炼要循序渐进

身体锻炼是一个循序渐进的过程，不能操之过急。比如跑步，要在速度、距离方面逐渐增加运动量，给孩子一个逐渐适应的过程。安排的体育锻炼项目也要由简到难，不要使孩子产生为难情绪。不要幻想一口吃成胖子，要知道

"欲速则不达"，揠苗助长只能产生副作用，造成过度疲劳和运动损伤。

教子心经

生命在于运动，无论孩子体质弱，还是体质强，坚持体育锻炼都不可缺少。让孩子从小养成体育锻炼的习惯，不仅可以增强孩子的体魄，增强孩子抵抗疾病的能力，还能缓解孩子的心理压力，培养孩子的意志力，提高孩子的逆商，帮助孩子更好地成长。

培养孩子的毅力，让孩子学会坚持

笑笑上幼儿园的时候，很喜欢画画，于是妈妈帮她报了辅导班。可刚学了半年，笑笑看到班上有同学会拉小提琴，于是又吵着要学拉小提琴。妈妈觉得学小提琴也不错，于是又给她报了小提琴班。可是刚拉了半年，笑笑又开始叫苦了。

上小学后，笑笑对妈妈说："舞蹈队里的小天鹅多好看啊！妈妈，你给我报舞蹈班吧，我也要做小天鹅！"妈妈给笑笑分析道："你现在又学画画又学琴，课余时间都排得满满的，哪有时间学跳舞啊！咱们就先坚持一下，把舞蹈和小提琴学好，你说呢？"笑笑却不依了，缠着妈妈说："妈妈，这个多简单啊！我不想学画画和小提琴了，我只想学跳舞。"

生活中，很多家长都会遇到这样的情况，孩子总是想学这学那，每次都是孩子自己主动提出来的，也再三保证“这次一定会坚持”，可是，没过多久，孩子就会故伎重演，不肯去学了。

所谓“不积跬步，无以至千里；不积小流，无以成江海”，说的就是缺乏毅力的人是无法不断进步，进而取得成功的。

美国著名心理学家威蒙曾对150名有成就的高智商者做过研究，发现他们的成功主要与三种性格品质有关：一是毅力，二是善于为实现目标不断的积累，三是自信。由此可见，持之以恒的毅力对一个人的成功是多么重要。

生活中，我们不难发现，具有毅力的孩子在学习时，往往会认真对待每一节课，认真完成每一次作业，做事总能坚持到底，长时间的坚持和积累也给孩子换来了优秀的成绩。而那些缺乏毅力的孩子则往往表现出没有耐心，容易放弃，无法坚持做完一件事情，这些都会给孩子的学习和生活带来不少的麻烦和困难。

毅力被作为一个人心理素质优劣、心理健康与否的衡量标准之一，也是孩子未来成功的关键因素之一。培养孩子的毅力，让孩子学会坚持，对孩子今后的人生道路有很大的影响。因此，家长一定要对孩子的毅力进行训练。

那么，家长应该如何培养孩子的毅力呢？

1.让孩子养成有始有终的好习惯

培养孩子的毅力要从大处着眼，小处着手，要从生活学习中的小事入手，让孩子养成做事有始有终的好习惯。比如，孩子看小人书时，要求他从头至尾看完后再换另一本；孩子画一幅图时，务必让他有始有终；孩子自己学洗衣服的时候，不要让孩子以累为借口而半途而废……长此下去，习惯就会成自然。

2.孩子提要求时家长不要做出让步

在孩子做事没有耐心、不能坚持下去时，家长一定要坚持自己的原则，不能因为孩子哭闹或是发脾气就对孩子的要求做出让步。如果每次都是孩子一有要求，家长就做出让步，那么孩子就会形成这样的认识：“爸爸妈妈总听我的，我想怎样就怎样。”这样，孩子做事就会越来越没有耐心，遇到一点儿困难就无法坚持下去。

3.让孩子从小目标开始做起

父母要善于从小目标上开始培养孩子的毅力，如在学习上，不能泛泛地督促和考察孩子“坚持学习”，而要将目标具体化、数量化，比如，让孩子坚持每天写一篇日记，每天背20个单词，每天睡觉前看20分钟的书等。积少成多，一段时间后，孩子就可以从中看到毅力和坚持的重要作用，孩子的信心也会增强，从而不再恐惧较高一些的目标。在不断实现目标的同时，孩子的毅力也会不断增强，并逐渐养成持之以恒的习惯。

4.提高孩子完成任务的信心

父母在交给孩子任务时，要把任务交代具体，并提醒他在完成任务的过程中可能会遇到的困难，让孩子有充分的思想准备。父母还应该教给孩子一些克服困难的方法，帮助孩子做到心中有数。这样，就能很好地提高孩子完成任务的信心，让孩子有坚持到底的勇气。

5.孩子遇到困难时家长要多做鼓励

对尚未经过风雨见过世面的孩子，在接受意志力考验的过程中，遇到困难或挫折时，意志消沉往往是难免的。此时，外界的鼓励就显得尤为重要，一旦孩子在他人的帮助和支持下鼓起勇气渡过难关，他的意志力即像打铁似的得到了有效地锤炼，他的心理素质也会得到明显的提高。

6.家长要指导、监督孩子做事

在孩子做事的过程中，家长在关键时刻要给予指导和提示。这不是让父母代替孩子做事，而是对孩子进行引导，帮助孩子想办法，以防他碰到解决不了的问题时灰心丧气。当孩子想不出办法又不愿去想，有偷懒或依赖家长的迹象时，家长不可轻易给予帮助，而应注意说服和鼓励，必要时对孩子进行批评教育，并监督孩子独立完成任务。这样长期坚持下去，孩子的能力提高了，习惯养成了，做事也就不会再半途而废了。

教子心经

在孩子成长的过程中，无论是在生活中还是在学习上，都会遇到很多难以预料的困难。父母要让孩子明白，认准了一件事后，就要尽全力去做，只要有毅力，只要能坚持到底，一切难题都将迎刃而解。培养孩子的毅力，让孩子学会坚持，也是提高孩子逆商的重要手段。

让孩子学会自律

心理学上有一个著名的“糖果实验”：一位心理学家到一所幼儿园里，找到了一些4岁的小孩子，然后每人给了他们一颗非常好吃的软糖。心理学家告诉孩子们，他们可以吃糖，如果他们选择马上吃，就只能吃一颗；如果可以等20分钟，则能吃两颗。有些孩子急不可待，马上把糖吃掉了，而另一些孩子却能等待对他们来说是无尽期的20分钟，为了使自己耐住性子，他们闭上眼睛不看糖，或头枕双臂、自言自语，有的甚至睡着了，但最终的结果是，他们终于吃到了两颗糖。

这之后，心理学家对这些孩子进行了长期的追踪调查。调查发现，这些孩子长到上中学时，就会表现出某些明显的差异——那些在4岁时能以坚忍换得第二颗软糖的孩子，往往表现出适应性较强，敢于冒险，比较自信，比较独立的特点；而那些急不可待，只吃到一颗糖的孩子则更可能成为孤僻、易受挫、固执的少年，他们往往屈从于压力并逃避挑战。研究人员在十几年以后再考察当年那些孩子的表现时发现，那些能够为获得更多软糖而等待得更久的孩子，要比那些缺乏耐心的孩子更容易获得成功。

心理学家由此提出了一个重要的观点：自律对孩子的成功有着重要的影响。那些关键时刻能管住自己的孩子，往往有着更高的逆商，在面对挫折和困境时，他们更能勇敢地迎接挑战，坚持到底，最终实现自己的目标。

自律是一种自我约束的能力，是甘愿推迟满足感，勇于承担责任，敢于面对生活困难的态度。孩子要是能从小养成自律的习惯，就可以克服很多不良嗜好，如无节制地看电视、玩游戏机等。孩子懂得约束和克制自己的时候，就能抵制诱惑，把精力用到该做的事情上，不断地提高和完善自己。因此，家长在教育孩子的过程中，要时刻注意培养孩子的自律能力。具体可以从以下几个方面做起。

1.通过鼓励让孩子自愿去做

在家长的强迫下做的事情，孩子不仅不会记住，甚至还会产生逆反心理；而如果是孩子自愿去做的，效果就会好得多。

比如，当家长让孩子做一件事情的时候，他可能会说“等会儿再做”，可是过了很久，他也丝毫没有自己动手的意思。这时，有的家长出于疼爱孩子的心理，就干脆替他做完了，这样的纵容会使孩子养成懒散和没有时间观念的毛病；有的家长则会控制不住自己的脾气，极力要求孩子马上就去完成，甚至会对孩子大吼大叫。这两种态度不利于孩子自律习惯的养成，正确的做法应该是，心平气和地问问孩子，“等会儿”需要多久，让他明确说出一个时间，然后告诉他，要说到就要做到。家长的信任和鼓励会成为孩子自觉行动的动力，也就更容易达到家长所期望的效果。

2.多尊重孩子的意愿

对于孩子能够自己做好的事，家长要学会耐心地等待，可以多教他一些方法，但一定要多尊重孩子的意愿，多给孩子自己动手的机会，多赏识孩子的成绩。慢慢地，孩子在提高自己动手能力的同时，也就懂得如何对自己的事情负责，自然而然地就把这当成一种习惯了。

3.对孩子提出的要求要明确具体

家长对孩子提出要求时，一定要明确具体，最好是把对孩子的期望细化为日常生活和学习中的各项要求。家长在提出要求的同时，还应该对孩子解释清楚这么做的理由，让孩子理解家长的用意和目的。比如，每天最多可以吃一支冰棍，看30分钟电视，因为这样不会危害身体健康等。这样的解释会让孩子觉得自己和父母是平等的，是被信任的，他就会尽自己的努力去克制自己，逐渐养成自律的习惯。

4.家长要为孩子做出表率

家长的一言一行都会对孩子产生直接或间接的影响，因此，父母要首先为孩子做出表率，给孩子树立一个好的榜样。家长在教育孩子的过程中，一定要学会克制自己的情绪，不要对孩子乱发脾气。另外，教育孩子自律，还有一个很好的方法，就是将针对孩子及大人的规则分别列出来，贴在墙上，互相监督执行。严于律己、善于克制的家长向孩子提出要求时，会更有权威性。

教子心经

对成长中的孩子来说，能够积极主动地认识周围的世界，学会控制自己的情绪和欲望，融入同龄人的群体中，比任何外在的帮助力量都重要。懂得自律的孩子，在遇到挫折时，往往更能坚定自己的目标和决心，并能在一次次的挑战中，不断提高自己的逆商，最终实现自己的梦想。

遭遇挫折后，让孩子“再试一次”

一位演说者到了瓦伦斯堡的集会上演讲，他那雄辩的技巧、扣人心弦的故事深深打动了一个男孩。从那一刻起，男孩立下志愿，长大后一定要当一名演说家。为此，他很努力地去做，抓住一切机会勇敢地去尝试。然而，笨拙的外表、破烂的衣服和少了一根食指的左手，让他常常遭到周围人的嘲笑和挖苦。

有一次，已经是一名师范院校学生的他穿着那件破夹克刚走到台上，就有人冲他大喊了一声：“我爱你，瑞德·杰克！”紧接着，大家便笑作一团。原来在英语里“瑞德·杰克”与“破夹克”是谐音词。还有一次，他讲着讲着竟忘了词，在人们的口哨声中，他汗颜无地地站在那里，尴尬至极。

他就这样，不停地尝试，又不断地失败，当第12次的失败向他袭来时，他终于心灰意冷了。比赛结束后，他拖着疲惫的身子往家走，路过一座桥时，他停了下来，久久地望着下面的河水。

“孩子，为什么不再试一次呢？”不知何时，父亲已经站在他身后，正微笑看着他，眼里充满着信任与鼓励。父亲的话给了他莫大的支持和鼓舞，他决定重新振作起来，勇敢地坚持下去。

30年后，男孩成了美国历史上最著名的心理学家和人际关系学家，他的著作和演讲影响了世界上的很多人。他就是被誉为“20世纪最伟大的人生导师和成人教育大师”的戴尔·卡耐基。

一位伟大的思想家曾经说过：“世上没有所谓的失败，除非你不再尝试。”当孩子遭遇挫折和失败时，父母应该鼓励孩子勇敢地面对，让孩子“再试一次”。“再试一次”，既是对孩子所做过的“这一次”的肯定，更是对孩子将要做的“下一次”的积极鼓励。这句话能让孩子感觉到父母的信任和鼓励，让他对自己的下一步行动产生一种跃跃欲试的冲动，给孩子一种继续努力的动力，从而帮助孩子战胜挫折，不断走向成功。

小伟的爸爸是跳高运动员，在爸爸的影响下，小伟也喜欢上了跳高。爸爸每天晚上，都会在自家门前的空地上搭上一根横杆，练习跳高。小伟看了几次以后，便也跟着跳。爸爸看着小伟有兴趣，便认真辅导他练习，不时地帮他指出一些错误并教给他一些技巧。

刚开始的时候，每次调整完高度，小伟都一定会把横杆碰掉，有时候连跳几次都不成功，小伟就开始灰心了，垂头丧气地等着被爸爸批评。但是，爸爸却从来没有批评过他，爸爸每次都会拍拍他的肩膀说：“不要紧，每个人都是这样，没有谁一次就能成功的，爸爸刚开始练的时候，还不如你呢！来，咱们再试一次！”在爸爸的鼓励和帮助下，小伟调整了自己的心态，一次次地尝试，越跳越有信心，越跳越有感觉。12岁那年，小伟跳过的横杆高度已提高到了他的肩膀上了。

奥格·曼狄诺在《羊皮卷——世界上最伟大的推销员》一书中，说过这么一段话：“每一次的失败和奋斗，都能使你的技艺更精湛，思想更成熟，磨炼你的本领和耐力，增加你的勇气和信心。这样，困难就成了你的伙伴，发人自省，迫人向上。只要永不放弃，持之以恒，每次挫折，都是你进步的机会。如果你逃避退缩，那就等于自毁前途。”每一次挫折和失败，对孩子来说，都是成长和锻炼的机会。但是，孩子由于年龄、阅历等方面的限制，承受挫折的能力有限，一次次的失败后，如果得不到外界的鼓励和帮助，他们很可能就此丧失信心，一蹶不振。因此，当孩子遭遇挫折时，父母一定要关心孩子，多给孩子鼓励，大声地对孩子说“再试一次”。

父母要让孩子知道，成功从来就不是一条风和日丽的坦途，挫折和失败是人生的常态，而无论失败多少次，只要有“再试一次”的勇气和行动，就一定会有柳暗花明的一天。鼓励孩子“再试一次”，一次次的尝试之后，孩子得到的不仅仅是成功，还有更为宝贵的自信。

教子心经

勇于再试一次是一种过人的胆识，也是对自己能力和潜力的高度自信，更是一种智慧的展示。孩子遭受挫折后，父母要鼓励孩子勇敢地“再试一次”，给他信任和支持。只有这样，孩子才能直面挫折和失败，不轻言放弃，才能得到经验，不断走向成熟。

自我激励成就孩子内心的强大

在心理学上，自我暗示指通过主观想象某种特殊的人与事物的存在来进行自我刺激，达到改变行为和主观经验的目的。积极的自我暗示是一种自我激励，它对自己的生理和心理活动都能产生积极的作用，人需要不断地自我激励才能最大限度地发挥潜能。心理学家研究发现，一个没有受激励的人，仅能发挥其能力的20%到30%，一旦他受到激励，其能力可以发挥到80%到

90%，相当于激励前的3至4倍。

在1972年墨西哥奥运会马拉松比赛中，一位黑人选手在左膝盖受伤的情况下，凭着自己坚强的意志跑完了全程。当他到达终点时，其他选手早已回去休息了。对他来说，跑不跑到终点，都已经没有名次了。但是他还是坚持跑完了全程。当他跑到终点时，一位记者问他：“是什么力量让你坚持跑完全程的？”他回答：“我只是不断地告诫自己，一定要跑完！”

1991年，一位名叫坎贝尔的女子徒步穿越非洲，不但战胜了森林和沙漠，而且通过了400公里的旷地。当有人问她为什么能完成这令人难以想象的壮举时，她回答说：“因为我说过‘我能’。”当问她对谁说过这句话时，她的回答是：“对自己说过。”

自我激励往往能产生强大的力量，能把“不可能”变成“可能”，能把“绝境”变成“希望”。一个人能否给自己喝彩，会不会自我激励，直接影响着他未来的发展高度和发展空间。懂得给自己喝彩的人，在面对挫折时，就能拥有永不低头的勇气，就能把困难当成晋升的阶梯，这样的人，即便天赋平平，也能一步步走向成功。不会给自己喝彩的人，即便天赋超群，但因认识不到自己的能力，看不清自己的优势，不会自我激励，行为上也会表现出懦弱的特点，这样的人遇到挫折往往选择逃避，缺乏自信，将来可能会一事无成。

德国人力资源开发专家斯普林格在其所著的《激励的神话》一书中写道：“强烈的自我激励是成功的先决条件。”父母可以从早到晚告诉孩子，自己是多么为他骄傲，但是，孩子不能总是依赖父母和老师的赞许，更要依靠自己内心的动力前进。因此，父母应该积极鼓励并引导孩子，让孩子学会自我暗示和自我激励，从而激发孩子内心的潜能，帮助孩子取得更大的成功。

一个人是否懂得自我激励，与父母从小对孩子的态度有很大关系。父母是否尊重孩子，是否教孩子在遭到打击后坚强面对，是否培养了孩子的自信心，是否教给孩子自我暗示的方法，让孩子认为“我能行”，这些都影响着孩子自我激励体系的形成。

因此，父母在教育孩子时，一定要注意自己的言谈举止，不要说伤害孩子自尊的话，不要做无助于孩子建立自信的事。父母要关注孩子，在孩子消极自卑时，要及时给予鼓励，帮助孩子看到他自己身上的优点，找到他自身的优势，从而增强他的自信心。当孩子取得进步时，父母应该为孩子感到高兴，并给予最及时、最恰当的认可和赞赏。

父母要教给孩子一些自我激励的方法，并鼓励孩子每天都对自己进行成功的暗示。比如，让孩子多对自己说“我能行”、“我可以”、“我相信”，少说“真糟糕”、“我不行”、“也许会出现意外”；鼓励孩子记录自己的成就，用事实让孩子看到自己的潜能，帮助孩子树立信心，做出积极的行为等。

有意识地训练孩子进行积极的自我暗示，让孩子学会给自己喝彩，能有效地提高孩子的耐挫能力，同时，还能增强孩子的自信心，让孩子在挫折中变得勇敢和坚强。

教子心经

当挫折来临时，孩子常常会被消极的情绪所笼罩。这个时候，家长除了给予孩子鼓励和支持外，还应该让孩子认识到自我激励的作用和重要性，教给孩子正确的方法，让孩子通过自我激励找到努力的动力。当孩子学会了自我激励，积极的自我暗示成了一种习惯，融进了孩子的血液里，那么他就会成为一个永不绝望、充满自信的人，成为一个真正的强者。

让脆弱的孩子坚强起来

一名8岁的小学生，因害怕上学跳楼自杀；一名12岁的少年因拒绝学拉小提琴而悬梁自尽；大连两个十来岁的小男孩离家出走被歹徒砍伤；北京一名15岁的男孩带着音乐家之梦自杀；广州一名中专生因为找工作受挫，毕业前吊死在教室的门框上；顺德一名初三男生半夜在家中上吊，只因为爸爸藏起了他借来的游戏机……

近年来，这样的悲剧不断发生，中小学生心理素质呈降低趋势、面对困难和挫折的抗挫力缺乏等状况引起了社会各界的关注。专家指出：“现在不少家庭的孩子都是独生子女，特定的环境使孩子在家庭中长期受到过多的宠爱，听的多是表扬、赞赏。孩子平时有了错误，家长也较少批评，从而使孩子的自尊心过于膨胀，受不了一点儿委屈。一旦遭遇挫折就不知所措，甚至采取极端的行为。”有调查显示，有46%的孩子在家庭和学校生活中表现出脆弱的倾向。当今社会，竞争日趋激烈，孩子如果不能正确地认识挫折，不能勇敢地面对和战胜挫折，那他也就难以在社会上立足，难以实现自身的发展。因此，家长一定要重视对孩子进行挫折教育，让孩子走出温室，接受困难和挫折的洗礼，让脆弱的孩子坚强起来。

要让孩子变得坚强，家长需要做的应该是帮助孩子学会“解决问题”，将孩子性格中的软弱成分减至最低。如果家长只是在口头上一味要求或强迫孩子“不要软弱”，或喋喋不休地强调软弱的害处，只会“放大”孩子性格的弱点，对于改变孩子的现状起不到一点作用。

那么，家长要怎样才能帮助孩子克服沮丧，让孩子走出心理脆弱的怪圈，变得坚强起来呢？

1.耐心沟通，了解脆弱的根源

性格脆弱的孩子，很容易出现消极的情绪，更需要父母的耐心引导和帮助。父母要用平等、亲切的态度接近孩子，和孩子沟通，引导孩子说出自己的脆弱情绪，了解并分析让孩子产生脆弱情绪的原因。

2.对症下药寻求有效的解决办法

造成孩子性格脆弱的原因可能是多方面的，父母只有了解了其中的原因，才可能对症下药寻找到有效的解决方法。比如，如果是父母过高的期望把孩子压弯了，父母就应该调整自己的期望，适当降低对孩子的要求，帮助孩子建立起自信心；如果是父母的过度保护让孩子失去了独自面对挫折的勇气，父母就应该逐渐放手让孩子去做他该做的事，让孩子学会独立；如果孩子是因为一些特殊的事件才变得脆弱，父母就要帮助孩子疏导不良的情绪，帮助孩子卸下内心的负担等。

3.增强孩子的自信心

自信，既是承受挫折的基础，又是抗击挫折的结果。所以，家长要及时表扬，多鼓励孩子，给孩子打气。哪怕孩子取得的进步在大人看来微不足道，父母也要及时表扬和鼓励，让孩子从中培养起战胜挫折的积极心态。孩子一旦拥有了自信，对待挫折的承受能力也会大大增强。

4.帮助孩子培养乐观积极的生活态度

父母要告诉孩子：任何问题都有两面性，失败或挫折会带来痛苦，也会带来成长的机会。父母要让孩子认识到，挫折本身并不可怕，可怕的是遭遇挫折后，选择逃避或是一蹶不振。要时刻灌输给孩子一种乐观的生活态度，引导孩子多看事物好的一面。渐渐地，孩子就会知道，遇到挫折和问题，正确的做法不是一味地悲伤和苦恼，而是积极寻找解决问题的方法，如果微笑着面对生活，生活最终也会回报我们灿烂的笑容。

5.通过阅读和实践培养孩子的耐挫能力

任何人的成长都要经历挫折和磨难。如果孩子总是一帆风顺，一旦遇到困难，他就会束手无策。父母可以找一些名人传记给孩子阅读，引导孩子明白这样一个道理：成功都是需要战胜各种各样的挫折和磨难才能取得的。要让脆弱的孩子变得坚强，父母就应该放手让孩子去体验生活，创造机会让孩子去经受挫折和磨炼，比如，鼓励孩子利用节假日去打工或去做一些有挑战性的事情等。孩子面对挫折时，父母要多给孩子一些鼓励，教给孩子一些应对困难的方法，当孩子通过自身的努力战胜挫折后，他就会更有勇气和自信，变得坚强起来。

6. 遇到挫折时，鼓励孩子再试一次

在孩子遇到挫折时，父母应该以坚定的语气鼓励他不怕失败，再来一次。在父母的鼓励和支持下，孩子自然会渐渐学会如何接受失败的挑战，并在不断尝试和不断成功的实践中逐步克服心理上的脆弱。

教子心经

没有谁的人生是一帆风顺的，尤其是脆弱的人在挫折面前往往会止步。只有让脆弱的孩子变得坚强，不断提高他的逆商，他才会成为一个在人生路上不断前行的勇者，实现自己的人生目标。

第六章 培养孩子的乐观品质，笑对挫折

『人生不如意十之八九』，要提高孩子的逆商，父母就应该从小培养孩子乐观处事的性格，培养他应付困境、逆境的能力。从小培养孩子的乐观品质，让孩子拥有积极的心态，孩子就能从容地面对挫折，并采取积极的行动，实现一个又一个目标。

给孩子创造一个和谐的家庭氛围

意大利诗人但丁说过这样一句话："要是白松的种子掉在英国的石头缝里，它只会长成一棵很矮的小树；但是，要是它被种在南方肥沃的土地里，它就能长成一棵大树。"中国也有句古话说："近朱者赤，近墨者黑。"这说的都是环境会给一个人的成长带来重大影响。

家是孩子成长的摇篮，父母是孩子的第一任老师，家庭教育在孩子的成才过程中起着关键的作用。陶行知先生说过："没有爱就没有教育。"要培养孩子乐观的性格，父母首先应该给孩子创造一个和谐的家庭氛围，用爱心去感染孩子，用爱心去关怀孩子，让孩子在充满爱的家庭氛围中学习和成长。

1.尽量给孩子一个完整的家庭

然然最近表现很不好，上课的时候不能集中精神，课后的作业也不能认真完成，还动不动就和同学吵架甚至动手打人。这天然然又因为一件小事和同学打了起来，老师把他叫到了办公室。在老师的耐心询问下，然然才说出了原因。原来然然的爸爸妈妈最近老吵架，甚至还要离婚，他很担心，心情很不好，没办法专心学习。

有研究表明，破裂的单亲家庭对青少年身心健康有显著的消极影响，单亲家庭的孩子违法犯罪率也很高。另外，据国外一家杂志研究显示，一个人离婚的倾向并不取决于基因，而主要由父母的婚姻状况决定，一定程度上讲，子女常常会“复制”父母的婚姻状况。该研究中的心理学家指出：“一个人离婚概率之所以增大，约66%应归咎于其父母离异这一事实。人们对待婚姻的态度往往来源于父母对待婚姻的观念。”要想培养孩子积极乐观的性格，父母就应该尽量给孩子一个完整的家庭，让孩子有足够的归属感和安全感。

2.尽量不要在孩子的面前发生冲突

尽管每一对夫妻之间都会遇到这样那样的问题，但是，父母应该尽量避免在孩子面前发生冲突，不要当着男孩的面争吵，更不要当着男孩的面打架。有的父母不仅会当着孩子的面争吵，甚至还会把孩子带到自己的冲突中来，一吵架就打骂孩子，把自己的不良情绪都发泄到孩子身上。

父母之间的每一次冲突，对孩子来说，都是一次极大的负面刺激，终日“硝烟”不断带给孩子的伤害甚至比父母离婚给孩子带来的伤害还难消除。在父母的争吵中成长起来的孩子，更容易发生自闭、自卑、抑郁等心理障碍，有的孩子甚至会形成暴力倾向。这必然会影响孩子今后的社会交际，严重的还会形成人际交往障碍，影响孩子的长远发展。

3.家庭成员之间要相亲相爱

健康的人际关系，是培养孩子乐观性格的一剂良方，而和谐的亲缘交往关系，是孩子适应复杂社交的一个重要条件。父母的态度和行为都会成为孩子今后行为准则的一个主要参照。因此，父母应该给孩子树立良好的榜样，以身作则，与其他家庭成员之间要相亲相爱、和睦相处。

父母之间、父母与其他家庭成员之间的相处模式，会自然而然地被孩子所复制，运用到他自己的人际交往中去。父母之间互相体谅、互相关心，孩子就更容易养成宽容温厚的性格；父母尊敬长辈、孝顺老人，孩子就会懂礼貌、有责任意识；父母与其他的家庭成员之间互帮互助、关系融洽，孩子在与他人相处的时候，就会主动伸出援助之手，交到更多的朋友。

4.父母要和孩子成为好朋友

孩子也是家庭的一员，因此，和谐家庭的构建，离不开孩子的帮忙。生活中也会有这样的家庭，父母之间关系很融洽，可却因为各种各样的原因，父母与孩子之间的关系并不好。要培养快乐的孩子，父母就应该多关注孩子，多了解孩子，和孩子成为好朋友。

教子心经

和谐的家庭要求家庭中的每个成员是友爱的、互助的。在这样一个充满爱的环境中成长，孩子才能由衷地感到快乐，逐渐养成积极乐观的性格。在遇到困难或是遭受挫折时，孩子就能勇敢地面对挑战，积极地寻求解决的方法，在逆境中不断地磨炼自己，一步步走向成功。

多抽些时间，陪孩子玩耍

英国教育家夏洛特·梅森认为，很多父母总是终日奔忙，从来无暇顾及孩子。当他们终于有一天想好好关心孩子的时候，却发现竟然无法与孩子进行沟通，父母对孩子已经变得无足轻重。

一位刚下班回家的父亲，脸上写满了疲倦。这时候，儿子还缠着父亲问："爸爸，你一小时的工资是多少呀？"父亲有些不耐烦地回答："20美元。"儿子听完后垂下了小脑袋。

没一会儿，儿子抬起头来，怯怯地问父亲，能不能先借他10美元。

父亲一听生气地对儿子吼道："我每天这么辛苦，一个小时才有20美元，你一下就要10美元，肯定是要把我的钱拿去买什么玩具！赶紧给我回房间睡觉！"儿子伤心地进了自己的房间。

父亲冷静下来后，觉得自己不该把话说那么重。于是，他拿了10美元走进儿子的房间。儿子一听父亲肯借钱给他，很高兴，从床底又拿出了一些钱。父亲刚压下的火气又上来了："你自己有钱为什么还要叫我再给你？"

儿子看着父亲，回答说："我这里的钱还不够，不过现在够了。我有20美元了，爸爸，我要用着20美元买下你的一个小时，你陪我玩。"儿子的一番话让父亲羞愧不已。

现在社会，生活节奏不断加快，随之而来的生活压力也不断增加。很多父母把大量的时间都花在自己的工作上，这样一来，陪孩子的时间自然而然就少了。

心理学专家认为："如果孩子所依靠的人看起来并不关心他们，他们就不会觉得自己被爱和可爱，不会觉得自己被信任和可以信任，不会觉得自己被他人尊重和值得他人尊重。唯有孩子生命中的重要成人花时间与他共处，给他以关注，他才会觉得被认可，进而建立起自我价值感。"可见，父母多抽时间陪孩子玩耍，对孩子自信的树立、正确认识自己的价值有着重要作用。

发表在美国《发育与精神病理学》期刊上的一项最新研究进一步显示：父母多与孩子一起玩耍、交流，有利于其青少年时期、甚至成年后的心理健康，可以减少他们出现人格障碍的风险。这项研究的负责人、美国宾汉顿大学神经科学及认知心理学特聘教授马克·伦岑韦格尔解释说："在与父母每天进行积极互动的过程中，孩子会模仿大人的社交技巧与处世方法，学会从容处理自己面临的问题，从而提高心理承受力，性格会更加开朗、阳光。"

从这个角度来说，多抽时间陪孩子玩耍，可以帮助孩子培养积极乐观的性格，不断提高孩子的逆商，增强孩子对挫折的承受能力和应对能力。

越来越多的父母也意识到了陪孩子玩耍的重要性，可是不少父母也都有一个共同的困惑："应该怎样陪孩子玩耍呢？"其实，在孩子看来，说什么、玩什么并不重要，他们只是希望能多一点和父母在一起的时间。

叶先生平时工作都很忙，没有时间照顾儿子，儿子平时上幼儿园，周末常常交给姥姥姥爷照顾。这两天，叶先生因为身体不舒服，请假在家休息，儿子告诉他，感恩节快到了，想亲手给老师做一张贺卡，想请爸爸帮忙。叶先生想反正也不费事，就愉快地陪儿子做起了手工。

贺卡做好了，其实很简单，也不怎么精致。可是儿子却很开心，紧紧拿着贺卡，连晚上睡觉的时候都没撒手。第二天一早，儿子连蹦带跳地捧着他们的"作品"去了学校。叶先生看到儿子开心的笑脸，自己也觉得开心满足。

研究表明，孩子们喜欢父母在他们身边，即便父母并不和他们一起做些什么。处于压力和困境中的孩子，更加需要父母亲近他们，给他们以安慰。孩子的健康成长并不单是靠丰富的物质生活来保障的，更多的是需要父母的关爱、亲情的慰藉，以及游戏和玩乐。

钱可以慢慢赚，事业也可以一步步发展，今年不行还有明年。但在孩子的成长中，每一个脚步都是不可能重复的，许多事情，一旦错过了，就再没有挽回的余地和弥补的机会了。童心是一张洁净的白纸，要在这张白纸上画上最新最美的图画，作为家长，除了用丰富的物质生活作颜料，你还要用父母之爱、稚子之情做彩笔，去描绘孩子的童真、感受、理想和快乐。

教子心经

玩儿是孩子的天性，父母多抽时间陪孩子玩耍，不仅能增进亲子关系，还有助于培养孩子开朗乐观的性格。父母的陪伴可以给孩子带来安全感，让孩子敢于去尝试。孩子在一次次的尝试中，就能逐渐积累起面对挫折的勇气和应对逆境的方法，孩子的逆商也就能不断得到提高。

给孩子灌输乐观精神

在生活中，我们经常会发现，有的孩子年纪虽然只有五六岁，但神情忧郁，怕生人，怕说话，怕做错事。在学校、热闹的地方找不到他的身影，在家里，很少与父母家人说话，喜欢缩在自己的小房间里。这类孩子长大后极有可能成为悲观主义者，甚至引发精神疾病。

小威的学习成绩一直都很不错，但是自从他上了初中以后，整个人就变了。他是一个很要强的孩子，名次稍微靠后他就不满意。每次考试完，当他的成绩有所下降时，他都会深深的自责。

后来，他慢慢变得悲观起来，心理阴影也越来越重，总是急于求成，但这样做的结果只能是成绩不见起色。因此，小威觉得自己什么事情都做不好。父母跟他交流，让他好好学习，循序渐进，总会有好的结果的。但他总是说："我现在什么也做不好，将来是不会有什么出息的，觉得活着真没有意思。"父母教导他说如果你想成为一个有出息的孩子，就能实现跨越式发展，他又觉得不可能，觉得自己没那个能力。他总是钻牛角尖，把自己的路封得越来越窄，使自己越来越悲观，对自己的人生不抱希望。

悲观的孩子总是看不到自己的优点，看不到未来的希望，悲观的个性也是孩子将来成才的一大障碍。悲观是失败的孵化器，而乐观是成功的催化剂。乐观是一种积极的生活态度。当孩子学会用乐观积极的心态对待生活时，他的未来就会都充满灿烂的阳光。乐观也是孩子应具备的良好品质，做父母的应当知道，乐观的孩子一定会比悲观的孩子更易成功。培养孩子的乐观精神就是在点燃孩子对未来、对成功的希望之火。

那么，怎样给孩子灌输乐观精神呢？

1.教导孩子要不屈不挠

父母应让孩子明白，有些人一生快乐，其秘诀在于有适应力很强的心理状态，这使他们能很快地从失望中振作起来。孩子受到某种挫折时，父母要让他知道任何困难都会有一线转机，前途总是光明的，并教孩子注意调整自己的心理状态，使他恢复快乐的心情。倘若出现经过孩子努力也没能扭转的情况，父母便应该帮助孩子寻求安慰自己的办法，可以听音乐，看书，向别人倾诉心声等。

2.对孩子进行希望教育

乐观的孩子往往对未来充满了希望，悲观的孩子则往往觉得没有希望。因此，父母要对孩子进行希望教育。希望教育是一项细致的工程，是需要父母及时地感受到孩子的沮丧和忧愁，帮助孩子驱散心中的阴影。平时，父母要多引导孩子看到自己的进步和成绩，鼓励孩子想象自己的美好未来，让孩子对自己的未来充满希望。只要孩子对未来充满了希望，孩子必定会以乐观的态度去面对生活中的事情。

3.给孩子树立一个实际的目标

父母可以为孩子建立一个可行的计划，树立一个实际的目标，让孩子自己努力去实现。当孩子不断看到自己努力的成果，乐观、自信自然会充盈孩子的小脑袋。父母切记少用或不用否定性的话语伤害孩子的自尊心、挫伤孩子的积极性。即使孩子真的犯了错误，在客观上分析、指正之后，再教他正确的方法，而不应过多地替他惋惜、后悔，如“你要是那么做，一切就好办了”等。如果孩子沉湎于回忆，懊悔多一分，他的乐观精神便会少一分。

4.不向孩子宣泄自己的“垃圾情绪”

有的父母在外面受了气，回来便对孩子发无名火，这种情况特别容易打击孩子的自信和乐观。因为，孩子会把父母的恼火归咎为自己的错误，但他又不知道自己错在哪儿，于是只好全盘否定自己。长久下去容易让孩子自责、退缩，并蔓延为牢固的消极心理氛围，淹没孩子乐观的笑容。因此，父母在遭遇困难时能否乐观面对，对培养孩子的乐观品质至关重要。

5.父母本身要有乐观的个性

父母要以身作则，自己先要有乐观的个性，要有坚忍的毅力，要有充分的自信，要有亲善的人际能力，能够调控自己的情绪，能协调夫妻之间的关系，能够营造和谐的家庭气氛。这样，孩子自然会去模仿，去学习，以父母为榜样，就会逐渐形成乐观的个性。

教子心经

培养孩子的乐观精神至关重要，因为这直接决定着孩子对待挫折的态度。孩子在遇到困难和挫折时，父母应鼓励孩子乐观对待。当孩子不能正确面对挫折时，父母应以乐观的情绪感染孩子，让孩子重新振作起来。

培养孩子的幽默气质

幽默是一种特殊的情绪表现，是一种高层次的精神享受。俄国作家契诃夫曾说："不懂得开玩笑的人，是没有希望的人。"培养孩子的幽默感是挫折教育的一个重要方面，因为从某种意义上来说，给孩子幽默的特质，就相当于给了孩子健康快乐的人生。

不难发现，生活中那些具有幽默气质的孩子，大多开朗活泼，更容易融入周围的环境，并为周围的人所接受和喜爱。幽默还能帮助孩子更好地应对生活和学习中的压力和痛苦，淡化孩子的消极情绪，让孩子可以更轻松地完成学业，更快乐地成长。

那么，父母应该怎样培养孩子的幽默气质呢？

1.呵护孩子与生俱来的幽默感

专家研究指出："人的幽默感大约有三成是天生的，其余七成则须靠后天培养。"可见，孩子其实天生就有"幽默细胞"。细心的父母会发现，从几个月开始，孩子就以他的方式逗父母发笑，并且十分热衷这种游戏，再大些，孩子的幽默则更加丰富多彩。父母要多关注孩子，用心理解孩子的幽默，积极地回应孩子的幽默，让孩子的幽默感不断地发扬光大。

2.积极营造幽默的氛围

要培养孩子的幽默气质，父母首先要让自己学会幽默，为孩子营造出一个幽默的氛围。父母的幽默，能起到说教无法比拟的作用，能潜移默化地影响孩子成为一个乐观的人。比如，孩子正在不停地哭闹，妈妈不妨将孩子拥在怀里，然后以夸张的神态与语气对孩子说：“嘘，快别哭了！你照照镜子看看，都快哭成小花猫了，鼻涕流得像瀑布，多难看呀！”听到这样好玩的话，孩子一定会破涕为笑。

另外，当孩子尝试着说出一些有趣的笑话或表演一些滑稽的动作时，父母也不要吝啬掌声，父母的鼓励将使孩子的幽默感不断地得到强化。

3.提升孩子的语言能力和想象力

如果孩子的想象力欠缺，脑中储存的语汇贫乏，就不能充分表达自己的幽默。所以，父母应培养孩子的语言能力和想象能力。父母可以引导孩子多看一些漫画，背诵儿歌、古诗，另外，父母可以给孩子讲一些有益心智的故事，常给孩子听一些轻松幽默的小故事或相声小品，这不仅可以使孩子心情轻松愉快，而且无形中会形成孩子风趣的语言风格。

4.让孩子多讲有趣的事

孩子对发生在自己身边的有趣的事，总是很有表达的欲望。这时父母需要做的，就是认真倾听，并发出会心的欢笑。如果孩子有足够的幽默感，大人还可引导他们编幽默故事，给课本、电影或电视剧改编甚至添加一个令人捧腹的结局。

5.学会以童心诠释童心

孩子有着不同于成人的思维方式，大人认为有趣的事物，孩子很可能觉得索然寡味。因此，父母不要总以成人的眼光来衡量孩子的幽默。与孩子说笑话或表演滑稽的动作时，要考虑到孩子的年龄。只要孩子认为可笑的语言或动作，哪怕在父母看来简单幼稚，也不妨陪孩子一起尽情地开怀大笑一番。这样，孩子就很容易培养起幽默、快乐的性格。

6.要让孩子敢于表达幽默

幽默能力只有在表达幽默的过程中才能得到检验和提高，因此，要培养孩子的幽默气质，父母就要为孩子创造机会，鼓励孩子勇敢地表达自己的幽默。

7.教孩子学会热爱生活

生活不缺乏幽默，只是缺乏发现幽默的眼睛。父母要引导孩子用心去观察事物，感悟生活，培养孩子对事物的洞察力，让孩子用自己的视角去看世界。孩子善于观察，热爱生活，自然就能从生活中获取幽默因子，变得幽默了。

教子心经

幽默是生活的调味剂，更是一种智慧。从小培养孩子的幽默感，对培养孩子乐观的性格有着重要作用，也是提高孩子逆商的有效方法。孩子天生就有幽默细胞，父母要用心呵护，并加以鼓励和引导，让孩子在快乐中成长，同时也成为一个可以为他人带来快乐的人。

努力培养孩子积极的心态

一位伟人说："要么你去驾驭生命，要么是生命驾驭你。你的心态决定谁是坐骑，谁是骑师。"一个人可能渺小，也可能伟大，这主要取决于他对自己的认识和评价，取决于他的心态。对每个人来说，积极心态和消极心态都有着强大而不可抗拒的力量，不同的是，积极的心态能使人走向成功，而消极的心态则会适得其反。

在这个世界上，任何事情都会有正反两面，只不过有些人把苦难看成是敌人，而有些人却将它视为成功的阶梯。孩子在成长的过程中，必然会遇到各种各样的挫折和困难，只有从小培养孩子积极的心态，孩子才能乐观地去面对生活，才能拥有战胜挫折的勇气和力量，也才能成为自己命运的主宰，进而体会到成长的快乐和幸福。

那么，怎样才能帮助孩子走出悲观的情绪，变得积极起来呢？

1.巧妙利用孩子心中的偶像

每个孩子心中都会有自己的偶像，可以是一个人，也可以是一类人，可以是具体的，也可以是抽象的。父母可以巧妙利用孩子心中的偶像，帮助孩子在他自己的头脑中树立一个积极乐观的形象，并鼓励孩子像偶像一样去行动。

小超最爱看《西游记》，他最喜欢孙悟空，到那儿都爱拿一根棍子，说是要拿着金箍棒斩妖除魔。有一天，老师布置了一篇作文，小超想了一会儿没有思路，便想放弃。爸爸走过来对他说："小超知道孙悟空和师傅是怎样才取到真金的吗？""当然知道了！是经历了九九八十一难，打败了好多妖怪才取到的。"小超神气地回答。"是啊，那么多困难和危险，还有那么多的妖怪，孙悟空都坚持下来了，小超也应该向他学习才对啊！不能遇到一点儿困难就放弃，这样比起孙悟空可是差多了啊！"爸爸开导道。小超听完爸爸的话后，低着头不说话。一会，他抬起头来高兴地对爸爸说："爸爸，我也要像孙悟空一样勇敢，我要好好写作文！"从那以后，小超一遇到困难，想要放弃的时候，就会想起聪明勇敢的孙悟空，就又充满了斗志，变得乐观坚强起来。

2.教孩子把自己看成胜利者

大多数人遇到令人沮丧的事情时，整个身心都会沉浸在痛苦之中，孩子则更是如此。如果此时，父母能教会孩子大声地对自己喊一声："我不是失败者，我是以后的胜利者！”他的精神就能将为之一振，就能很快地摆脱不良的情绪，重新兴奋起来。父母可以告诉孩子，只要不放弃，就没有失败，一时的挫折和失败，只是因为还没有成功。

3.让孩子远离思想消极的人

“近朱者赤，近墨者黑”，为了帮助孩子培养积极的心态，父母就要提醒孩子远离那些思想消极的人，多与思想积极的人进行交流和沟通。父母也应该以身作则，多结交积极向上的朋友，让孩子从他们身上看到积极的力量，并在他们的感染和带动下，变得积极起来。

4.尽量不要让孩子说消极的词语

经常抱怨的人总喜欢说一些“我真累”、“我真痛苦”、“我好郁闷”之类的话，这种消极的词语会影响孩子的自信和激情。因此，在生活中，父母要有意识地帮助孩子改变习惯用语。比如，不说“我真累坏了”，而要说“忙了一天，现在心情真轻松”；不说“他们怎么不想想办法”，而要说“我知道我将怎么办”等。

积极心态的自动提示语没有固定的形式，只要是能激励孩子积极思考，积极行动的词语，都可以作为自动提示语。如果孩子经常使用自我激发性的语句，并融入自己的身心，就可以保持积极的心态而抑制消极的心态，形成强大的动力，满怀热情地去生活和学习。

5.让孩子时常心怀感激

生活中多一分抱怨就多一分烦恼，当我们以一种感激的心情环视我们周围的人和事时，心也会放得很宽。有一位哲人曾说：“在这个世上，没有任何人应该为你做什么事。不要因为别人的过失指责别人，宽恕别人也等于安慰自己。”让孩子常怀一颗感恩的心，宽容地去对待身边的人和事，他就总能看到生活中的阳光，感受到温暖和希望。

6.让孩子学会用美好的心情去感染别人

每个人都希望得到灿烂的阳光，一旦孩子带着快乐的心情去和别人交往，快乐也会传递给别人，这样的连锁反应既能让他自己感觉到快乐，也能让别人变得快乐。没有人愿意成天和愁眉苦脸的人待在一块儿。要让孩子尝试着改变自己的心情，当他用微笑告诉别人自己的心情时，别人同样会以微笑回报他。

教子心经

一切事物都具有两面性，问题在于我们自己怎样去审视，怎样去选择。面对太阳，我们的眼前就是一片光明；背对太阳，我们看到的将是自己的阴影。父母要努力培养孩子积极的心态，只有这样，孩子才能不断提高自己的逆商，即使身陷困境，他也能看到希望，积极行动，迎来“柳暗花明”。

让孩子学会乐观处事

大发明家爱迪生的工厂曾经失火，近百万美元的设备一夜之间化为乌有。67岁的爱迪生闻讯赶到火灾现场，员工们认为面对废墟一片，他一定会暴怒至极。但爱迪生的表现非常镇静，甚至还笑着说：“这场大火烧得好哇！我们所有的错误都烧光了，现在可以重新开始了。”

任何事情都有两面性，很多时候，一件事情的好坏，更多地取决于当事人对它的态度。意志坚强的乐观者，面对诸多问题时，总能抱着仍有可为的态度，遭遇挫折反而会让他变得更加坚强。正如爱迪生的一句名言：“我的成功乃是从一路失败中取得的。”

生活中，有的孩子遇到问题时，第一时间想到的总是最糟糕的那一面，总是得出否定的结论，有着与年龄不相符的悲观情绪和处事态度。心理学家指出，性格悲观的孩子，相对乐观、开朗的孩子而言，更容易在学业上遭受失败，也更容易出现健康问题。

造成孩子悲观性格的原因可能是多方面的，可能是先天的遗传因素，也可能是后天的生活环境和成长经历。不论是何种原因，父母都完全有能力帮助孩子改变这一性格，帮助孩子看到事物光明的一面，让孩子学会乐观处事，勇敢地迎接困难和挫折的挑战。

1.父母首先必须有乐观的思维方式

要培养孩子乐观的品质，父母首先必须有乐观的思维方式。父母在处理自身问题和家庭问题时的乐观态度，对孩子具有重要的示范作用，孩子也会在观察和模仿中逐渐养成乐观品质。

当孩子遇到困难而悲观时，父母应带领孩子对问题进行多方面的思考与衡量，引导孩子多角度看问题。父母自己遇到困难时，也应该乐观地面对，如果父母因为工作压力大，整天闷闷不乐，甚至动不动就发脾气，那么，孩子也会产生焦虑、压抑的情绪，并形成悲观的思维方式。

2.让孩子凡事往好的方面想

每个孩子都会碰到不称心的事情，即使天性乐观的孩子也是如此。当孩子遇到困难时，父母要多留心孩子的情绪变化，如果孩了闷闷不乐，父母无论工作有多忙，都要挤出时间跟孩子交谈，教育孩子学会忍耐和坚强面对，鼓励他凡事多往好的方面想，不要老往消极的方面想。

父母一定要注意观察孩子的情绪，只要他愿意与你沟通，你就要引导他把心中的烦恼说出来，这样，烦恼很快就会消失，孩子也会恢复快乐。

3.批评孩子要恰如其分

著名教育家塞利格曼指出：“父母批评孩子的方式正确与否，对孩子日后性格是乐观还是悲观有着很大的影响。”父母对孩子的批评应该恰如其分，不应把几次错误夸大为永久性的过失，同时应该具体指出孩子的错误以及犯错误的原因，使他明白自己所犯的错误是可以改变的，并知道从何处着手改变。

孩子对自己的评价很大程度上是建立在父母对他们的评价之上的，因此，父母对孩子的言行应以欣赏鼓励为主，并善于发现孩子身上的优势和亮点。

4.创设快乐的家庭气氛

家庭的气氛、家庭成员之间的关系，会在很大程度上影响孩子性格的形成。研究表明，孩子在牙牙学语之前就能感觉到周围的情绪和氛围，尽管当时他还不能用语言来表达。一个充满敌意甚至暴力的家庭，绝对培养不出开朗、乐观的孩子。因此，要让孩子学会乐观处事，就要给孩子构建一个和谐温馨的家庭氛围。

5.鼓励孩子多交朋友

研究表明，与他人融洽相处有助于培养快乐的性格。父母要鼓励孩子多交朋友，并积极为孩子创造与同龄人交往的机会。例如，带孩子到邻居家串门，邀请其他孩子到家里来玩，让孩子多到同学家去玩等。

6.多为孩子灌输乐观主义

平时，父母应该多向孩子灌输一些乐观主义，让孩子明白，不愉快的事情只是暂时的，只要乐观地对待，等待他的将永远是美好和快乐。

教子心经

“人生不如意十之八九”，父母要教会孩子凡事往好处想，这样，孩子就总能看到希望和美好，即使是一时还无法摆脱困境，孩子也不会自暴自弃，而是能学会耐心地等待和忍耐，积极地寻求解决的方法，乐观、从容地面对挫折。

改变孩子输不起的心态

小天是一个很好胜的孩子，每次考试哪怕只比同学少考一分都会让他难过很久。平时和小伙伴玩游戏，他也只能赢不能输，要是输了，他就会缠着小伙伴们继续玩，一直玩到他赢为止。渐渐地，小伙伴们也不怎么愿意跟他玩了。

这天，小天又被小伙伴们拒绝了，闷闷不乐地回到家。他看见爸爸正在摆弄跳棋，就缠着爸爸陪他下。因为爸爸故意让着他，所以前两盘都是小天赢，小天高兴极了。可是到第三盘的时候，爸爸稍微尽了点力，小天就输了。这下小天不高兴了，非说爸爸耍赖，一定要再赢回来。又下了两盘，小天因为浮躁，走错了好几步棋，都输了。

小天一气之下把棋盘都摔了，对爸爸大喊道："我不玩了！每次都是你赢，一点意思都没有！"喊完就气冲冲地回房了。

其实，胜败乃兵家常事。可是现实生活中，像小天这样的孩子还真不少。孩子"输不起"通常会有两种表现：一些孩子面对挫折、失败，会采取回避的方式，逃避困难。比如，妈妈批评小强学钢琴不认真，不如隔壁的玲玲弹得好，听到这话小强索性就放弃了，干脆不弹了；另外一种，性格急躁的孩子一旦在游戏中输了，就会大发脾气、哭闹以示宣泄。

这种"输不起"的心态对孩子来说是很危险的，如果得不到及时地纠正，孩子将来走上社会后，往往不能正确地对待各种挫折和失败。面对挫折和失败，他往往会沮丧、恼怒甚至完全丧失信心，一蹶不振。因此，父母应该从小让孩子体验失败的滋味，改变孩子“输不起”的心态，让孩子学会从失败中总结经验教训，从而不断增强孩子抗挫折的能力，使他在将来能经得起大风大浪的考验。

那么，家长应该如何教育这些“输不起”的孩子呢？

1.要认识到，孩子“输不起”是一种正常现象

从儿童心理学的角度来讲，孩子“输不起”是一种正常现象。无论什么事情，孩子总是希望自己能做到更好，比别人强，获得周围人的认可。可是因为孩子年龄小，各方面都不成熟，他并不了解自己的强项和弱项，在人前或是在集体活动中，一旦不如人，输于人时，他就会表现出不满、不高兴。对此，家长应该给予孩子充分的理解。

2.家长要端正自己的心态

在平时的生活中，一些父母往往喜欢将孩子的成功当作自己的“门面”。赢了，就夸孩子聪明、能干；输了，就指责孩子笨、不争气。这种教育方式是最不可取的，这样做，很容易让孩子走向两个极端：要么失败了就爬不起来；要么就争强好胜，非赢不可。父母在孩子个性形成的过程中起着非常重要的作用。要引导“输不起”的孩子，父母首先就应该端正自己的心态，正确看待孩子的失败。

3.增加孩子受挫折时的承受力

家长虽然要尽可能地协助孩子成功，但在平时的生活中也不要过分刻意地为孩子排除一些在正常环境中可能遭遇到的困难。当孩子遇到挫折时，家长不要立刻插手，不妨留给孩子自己面对失利的空间和机会。比如，孩子用积木搭一座“高楼”，可不巧，快成功时，“楼”塌了。看着孩子沮丧的表情，家长尽量不要直接替他解决问题，可以和他一起讨论，引导孩子去思考，然后让他自己去执行解决的办法。孩子克服挫折的能力和动机，常来自于遭遇过的挫折，当他的经验足够丰富时，就可以得到更多的成就感和自信心。

4.在集体活动中提高孩子的耐挫力

在集体活动中，孩子会经历一些挫折和失败。这些失败的痛苦经历，可以让他更好地认识自己，发现自己的缺点和别人的长处。在集体活动中，孩子一方面要学会如何欣赏别人，和同伴友好相处，共同合作；另一方面，他还能够在与同伴之间的相互交流和指导中，学会克服困难、解决问题的方法。在集体中的这些磨炼，对提高孩子的耐挫力是很有帮助的。

5. 在游戏中平衡孩子输赢的心态

父母在与孩子玩游戏时，不要经常故意输给孩子。适当的时候，可以和孩子玩一些输了也有奖励的游戏，通过这种办法，平衡孩子“输不起”的心态。当然，奖励的前提是说出输的原因。父母可以通过这样的方式，告诉孩子，这是每个人成长过程中都必须经历的，“输”并不丢人，也不奇怪，只要能找到自己失败的原因，就是一种成功。

教子心经

虽然说好强是孩子正常的心理，但是，如果孩子的得失心过重，每一次输赢都让他耿耿于怀的话，必然会影响到他的人际交往和自身的长远发展。面对“输不起”的孩子，父母需要多费点心思，引导孩子正确对待输赢，不断提高孩子承受挫折的能力，提高孩子的心理成熟度，帮助他跨越这种心理障碍。

培养孩子积极进取的精神

有句名言说得好：“一个人的改变，源自于自我的一种积极进取，而不是等待什么天赐良机。”积极进取是每个人成功路上最为宝贵的一种精神。

在孩子的成长过程中，积极进取的精神能让孩子乐观地面对挫折，推动孩子勇敢地探索未知的领域，能促进孩子智力的发展，还能强化孩子的坚强意志，不断提高孩子的逆商，是孩子成长成才的重要素质条件。因此，家长应该注重培养孩子积极进取的精神，让孩子不轻易满足于现状，不怕困难，满怀信心地不断前行。

那么，怎样才能培养孩子积极进取的精神呢？

1.家长要给孩子树立榜样

专家指出，家长为了孩子所能做的事，没有什么比做个好榜样更为重要。孩子都是从模仿中开始学习的，如果他们在积极活跃的环境中长大，便会发现积极参与的好处。家长要用积极的心态善待生活，要有明知不可为而为之的精神，遇到困难和挫折时，不沮丧，不消沉，而是积极地寻求解决的办法。时间长了，家长的这种心态和处事作风，就会自然而然地传递给孩子。

2.帮助孩子确立目标

人是以目标为导向的生物，是在不断追求目标的过程中实现人生价值的。一个人有目标有动力，才有可能干成事。父母要引导孩子，帮助孩子认清自己的优势和长处，进而确立行动的目标。这样，孩子才能在目标的指引下，积极地去行动。

3.用榜样的力量来激励孩子

家长平时可以多给孩子讲一些名人的故事，用榜样的力量来激励孩子的上进心。如：父母可以告诉孩子，爱迪生、达尔文、爱因斯坦等伟人小时候学习成绩并不理想，但他们都凭借自己对科学的热爱，凭借很强的上进心取得了举世瞩目的成绩。另外，父母还可以用孩子身边的一些事例对孩子进行正确引导，鼓励孩子积极进取。

4.要善于发现孩子的闪光点

每个孩子都有自己的长处，有自己与众不同的地方。家长要善于发现孩子身上的闪光点，并利用这些闪光点来激发孩子的进取意识，帮助孩子认识到自己的长处，让他学会自我肯定。例如，孩子喜欢绘画，父母就可以鼓励孩子抓住机会发挥自己的特长，比如，鼓励孩子为班级设计板报等。孩子在体现自我价值的活动中，往往更能体验到成就感，从而增强孩子的自信心，进一步激发孩子的进取心。

5.要经常赞美和鼓励孩子

教育学家与心理学家都认为，赞扬是孩子健康成长的“催化剂”。因为，孩子是自尊和好胜的，他们都希望自己能受到父母和老师的肯定与赞扬。这种自尊、上进心理是正常健康的。当孩子的努力得到了承认时，他们的自尊就得到了满足，就会萌生幸福的体验。这种体验能进一步地增加孩子的信心和进取心，激发孩子采取更加积极的行动，去争取更大的成绩。

6.帮助受挫的孩子重拾进取心

孩子在遭受挫折和失败的打击时，很容易被消极的情绪所笼罩，如果得不到及时地疏导和帮助，孩子的进取心就会被挫伤，在遇到类似的挫折情境时，孩子就会心存畏惧，甚至选择退缩和回避。

当孩子遭遇严重挫折时，家长应该及时地进行疏导和鼓励，而不应该一味地指责和批评。家长要帮助孩子分析挫折产生的主客观原因，找出失败的症结所在，引导孩子合理地发泄不良情绪。在必要时，家长也可以帮助孩子一步步地实现目标，让孩子体会到，只有战胜了困难，才能前进一步，而进步、达标的全过程就是不断克服困难的过程，只有保持积极进取的精神，才能不断取得进步和突破。

7.给孩子合理的期望

家长的期望和信任是孩子必不可少的进取动力。家长要多和孩子沟通，把对孩子的信任和期望表达出来，并对孩子微笑的进步及时给予鼓励，这样，孩子就能把家长的期望内化为自己行动的动机，获得不断进取的信心和动力。

教子心经

积极进取的精神是孩子迅速进步，不断实现自我突破的有力武器，从小培养孩子积极进取的精神，就是为孩子播下了一粒成功的种子。孩子具备了积极进取的品质，就能从容地应对挫折，最大限度地实现自己的人生价值。

从小培养孩子愉快乐观的性格

心理学家通过大量的研究后得出结论说，愉快既是一种心境，也是一种性格。愉快的心境来得快，去得也快，而愉快的性格则较为稳定，表现为一种良好的情感倾向，比如说乐观主义的人生态度。调查显示，开朗乐观的人不仅较为健康，而且婚姻生活较为幸福，事业上也较易获得成功。因此，家长要注重培养孩子愉快的性格。

专家指出，孩子愉快乐观的性格应该从小就开始培养，为此，专家有以下建议。

1.不要对孩子“控制”过严

有的父母喜欢为孩子安排好一切，这实际上是剥夺了孩子自主选择的权利。让不同年龄段的孩子拥有不同的选择权，不仅可以不断提高孩子自主选择的能力，还能让孩子感到快乐。所以，为了培养孩子愉快乐观的性格，家长不妨放手让孩子去选择。比如，让3岁的孩子选择午餐吃什么，让4岁的孩子选择上街时穿什么衣服，让5岁的孩子选择假日去什么地方玩等。

2.培养孩子广泛的兴趣

开朗乐观的孩子，心中的快乐源自各个方面，一个孩子如果仅有一种爱好，他就很难保持长久的快乐。比如，一个孩子，除了看电视，别的什么也不感兴趣，那么，一旦没有喜欢的电视节目时，他就会无事可做，甚至郁郁寡欢；相反，如果一个孩子既喜欢看书，还喜欢养各种小动物，喜欢养花花草草，那么，学习累了的时候，他就能拥有丰富多彩的业余生活，他广泛的兴趣爱好就能给他带来更多的快乐。

父母也许不知道孩子对什么感兴趣，但是父母可以为孩子创造条件。父母可以带孩子参加各种活动，可以让孩子自己选择兴趣爱好等。只要父母多给孩子尝试的机会，多观察孩子，就一定能发现孩子的兴趣所在。父母还应在必要的时候对孩子进行引导，帮助孩子培养起广泛而长久的兴趣爱好，让孩子拥有更多的快乐。

3.限制孩子的物质占有欲

心理学家的调查发现，家庭收入特别丰厚的孩子并不是通常想象的那么愉快，他们只不过对所拥有的感到满意。有时候，奢华的物质生活反而会降低孩子对快乐的感知能力，甚至让孩子产生一种贪得无厌的心理。

比尔·盖茨曾公开宣布说：“我不会给自己的孩子留下很多钱，因为我认为这对他们没有好处。”他始终坚持“再富不能富孩子”的教育原则，把更多的钱捐给社会，而不是留给孩子去挥霍。

过分的给予会使孩子产生“获得就是幸福的源泉”这样一种错觉，这种以物质为满足的愉快往往是暂时的，难以持久。这样的孩子一旦遇到挫折，往往难以应对，很容易走向失败。父母应该让孩子懂得，人生的快乐并不取决于物质财富的多少。

4.让孩子拥有足够的自信

一个自卑的孩子往往不可能开朗乐观，这也从反面证实了拥有自信与快乐性格的形成有着密切的关系。要培养孩子愉快乐观的性格，家长就要看到孩子的长处，并及时适当地予以表扬和鼓励。来自家长和亲友的肯定有助于孩子克服自卑，树立自信。

5.让孩子多交朋友

不善交际的孩子大多性格抑郁，因为享受不到友情的温暖而孤独痛苦。父母要鼓励孩子结交更多的朋友，让孩子在与朋友相处的过程中，体验到更多的快乐。父母应在尊重孩子自主选择权的前提下，对孩子进行适当地引导和帮助。比如，多带性格内向的孩子到外面玩耍，鼓励孩子结交开朗大方的朋友；让霸道的孩子多参加规则性强的集体活动，孩子结交朋友的同时，还能改掉自己的坏毛病等。

另外，为了提高孩子的交际能力，父母还应该教给孩子一些与他人相处的原则和方法。比如，要真诚待人，要学会倾听，要主动关心他人，要学会宽容别人的错误等。

教子心经

有人说：“愉快乐观是人生永远携带的加油站。”从小培养孩子愉快乐观的性格，就相当于给孩子的成长注入了不竭的动力。愉快乐观的孩子，不仅能更好地享受生活，还能勇敢地面对挫折，赢得生活的主动。

努力让孩子不断地感受幸福和快乐

从生活中不断地感受到幸福和快乐，是一种能力。拥有这种能力的人，总能发现生活中的各种美好，积极乐观地去面对挫折，更好地享受生活。

孩提时代，理应是一个充满梦想和快乐的时代，父母有责任和义务对孩子进行快乐教育，不断提高孩子对幸福和快乐的感受能力。当快乐成为一种心理习惯，即使孩子身陷逆境，孩子也能从中寻求到希望，寻找到快乐，从而采取积极有效的行动，迅速地摆脱困境。

那么，为了培养快乐健康的孩子，家长应该做些什么呢？具体又该怎么做呢？

1.做快乐的父母

有的父母，不断地告诉孩子，要快乐，要幸福，可是自己却整天愁眉苦脸，动不动就生气发脾气。这样的父母又怎么能养育出快乐的孩子呢？要让孩子感受到快乐，父母首先要让自己成为一个快乐的人。父母不仅要尽量在孩子面前表现出积极乐观的一面，营造出快乐的气氛，还应该不断充实和学习，让自己拥有一颗真正乐观的心，只有这样，父母的快乐才能感染孩子。

2.为孩子设置合理的期望值

一个人的快乐常常来自希望的实现，很多不快则来自希望的落空。很多时候，当孩子实现了父母对自己的期望，得到了父母的肯定和表扬时，他就会感到快乐。反之，孩子就会感到沮丧，甚至开始怀疑自己的能力，变得悲观和不自信。因此，从某种程度上来说，父母能否为孩子设置合理的期望值决定了孩子能否得到努力的快乐。

家长对孩子的期望一定要符合孩子的实际，科学的做法是分解期望，步步落实。每年、每学期、每月都定出具体的要求，并根据孩子的情况和学校的要求不断地进行调整。家长应该帮助和敦促孩子，当孩子遇到问题和困难时，也要及时地予以帮助。家长的陪伴和帮助，会让孩子感到安全，家长的鼓励也会让孩子看到希望，在努力的同时不断地感受到快乐。

3.丰富孩子的业余生活

学习是孩子的主要任务，但不是孩子生活的全部。有的父母为了让孩子一心一意地学习，剥夺了孩子的兴趣爱好，把孩子的课余时间都安排得满满的，给孩子报名参加各种培训班。这种做法对孩子来说是很不公平的，父母应该支持孩子丰富业余生活，让孩子去做自己喜欢做的事，只有这样，孩子才能找到更多快乐的渠道。让孩子去做自己感兴趣的事，不仅能帮助孩子走出郁闷，放松心情，还能让孩子学到更多课本知识以外的东西，从而拓宽孩子的视野，提高孩子解决问题的能力。

4.让孩子学会给予和奉献

给予和奉献是人类的一种美德。要鼓励孩子尽己所能地去帮助别人，并让孩子懂得这样一个道理：帮助别人就是帮助自己。孩子通过自己的努力帮助别人时，他也会体会到了自己的价值，感受到了自己的重要，一点点变得自信，变得快乐起来。

5.教会孩子调整心理状态

当生活中有些事情使孩子陷入痛苦或忧虑时，父母应当帮助他们找到自我安慰的源泉，以便能很快地恢复愉快的心情。比如，可以让孩子听音乐放松心情，或是采用运动减压，或者与朋友倾诉谈心等。

林肯9岁的时候，母亲就去世了。由于家境困苦，他从小就要帮着父亲在农场里干活。丧母之痛和繁重的劳动常常让他感到苦闷和压抑。继母心地善良，一心想帮助林肯振作起来。她知道林肯酷爱学习，只有读书才能使他走出悲痛和失望的阴影。于是，有一年林肯生日那天，继母一大早冒着暴风雪进城为他买书。晚上，林肯接过还带着继母体温的珍贵生日礼物时，激动得热泪盈眶。从那以后，他不再那么悲观，而是坚强地站了起来，勇敢地迎接着人生征途上一个又一个的挑战。

6.让孩子在有意义的活动中感受快乐

快乐的最重要的来源，是成就或创造的成果以及完成了有意义的活动。当孩子通过自己的努力完成了一项任务或做了一件有意义的事时，孩子的内心就会感受到真正的快乐。在得到快乐的同时，孩子还能体验到成就感，获得力量和信心，进一步提高孩子对挫折的承受能力。

父母应鼓励孩子多参加游戏，多结交朋友，多和同伴一起玩耍。在与他人交往的过程中，在游戏和活动的过程中，孩子不仅能得到快乐，还能学会宽容和忍耐，不断提高自己的社会交往能力。

教子心经

有人说："保持快乐，你就会干得好，就会更成功，就会更健康，对别人也就更仁慈。"要不断提高孩子的逆商，就要让孩子拥有一颗善于感受快乐的心。快乐是一种愉悦的情绪体验，孩子有了快乐，就能看到温暖和希望，就能乐观地面对挫折，不断地成长。

第七章 给孩子关爱，帮助孩子共渡难关

约翰·贝曼说过：『当孩子遇到挫折的时候，我们要陪伴他们并帮助他们渡过难关。』孩子在成长的过程中，并不是每次挫折都能靠自己的力量战胜的。当他们遇到了超出能力的难题时，父母就应该及时地给孩子关爱，鼓励他们振作起来，并帮助他们走出困境。

平时多和孩子进行沟通

一位母亲在说起自己的儿子时，发出这样的感叹：“儿子小时候，我和丈夫因为忙于事业，没有时间照顾儿子，只好把他送回老家。我们给儿子提供了很好的物质条件，却忽视了他的情感需求。现在儿子长大了，我们也有时间了，但我们却痛苦地发现，儿子根本不愿意跟我们沟通。每次想和儿子说点什么，他都是一脸的不耐烦，随便敷衍了事，我们心里都很难过，也很后悔。”

生活中，像这位母亲一样的家长不在少数。他们总是以忙为借口，把孩子推给保姆、老人，总认为给孩子提供优越的物质条件很重要，常常因此而忽视了孩子的感情需要，忽视了经常与孩子沟通的重要性。

有调查显示，87%的家庭中，家长与孩子都存在沟通困难的问题，很大一部分家庭的家长并不能经常、有效地与孩子进行沟通。父母不能与孩子进行积极有效的交流和沟通，这将会给孩子的心理健康带来很大的负面影响。孩子的成长离不开父母的陪伴和关心，尤其是遭受挫折打击的孩子，更是需要父母的引导和帮助，才能更好地走出困境，健康快乐地成长。因此，不管父母有多忙，都应该多抽时间和孩子进行交流和沟通，给孩子关心和慰藉，给孩子足够的安全感，让孩子有勇气和信心去面对成长中的挫折和挑战。

那么，家长怎样才能实现与孩子的有效沟通呢？

1. 在平等和尊重的前提下与孩子进行沟通

只有在最自然的状态下进行沟通，沟通的双方才有可能对彼此流露真实的情感，也才能真正达到心与心之间的碰撞。因此，要实现与孩子的有效沟通，家长首先应以平等的身份与孩子进行轻松的交谈。父母应放下家长的架子，认真倾听孩子的心声，鼓励孩子发表自己的观点和看法，允许孩子进行必要的申辩，尊重孩子的自主权和隐私权。父母只有把孩子看成是一个独立的且与自己平等的个体，才能让孩子感受到被尊重、被信任、被认可，孩子才可能愿意对家长敞开心扉。

此外，良好和谐的家庭氛围是家长与孩子顺利沟通的重要条件，父母在与孩子进行沟通时，也要考虑到谈话的时间和场合，尽量安排在比较轻松、自然的环境中进行。比如，可以在饭桌上，也可以在散步的时候进行轻松的交谈。

2. 用心倾听孩子的心声

在沟通中，许多时候听比说更重要。然而，不少家长在与孩子沟通中，却常常忽略了听的重要性，特别是听到孩子谈论一些自己认为错误的观点和行为时，便迫不及待地站在家长的立场上，立即加以限制和制止。父母这样的姿态是很难实现沟通的效果的。

在与孩子进行沟通的过程中，父母要学会去倾听孩子的谈话，不仅要用耳朵去聆听，更要用心去倾听孩子的心声，要站在孩子的角度去思考问题，设身处地地去感受。孩子在遇到困难和挫折时，难免会出现消极的情绪反应，这时候，父母不应该以成人的眼光去分析孩子的处境，更不应该指责和批评孩子，而应该引导孩子说出内心的感受，理解孩子，帮助孩子疏导不良的情绪。只有这样，孩子才能感受到父母的关爱，也才能找到自身的价值和前行的动力。

3. 要学会主动与孩子进行沟通

父母要学会主动与孩子进行沟通，而不应等着孩子主动。家长可以举行定期的家庭会议，或是每天抽出固定的时间与孩子谈心等。主动与孩子沟通，还要求父母掌握一些开启谈话的技巧。父母不要开口闭口都是学习，应该多关心孩子的生活。比如，孩子放学回家，不要开口就问“今天上课怎么样”或是“今天的作业多不多”这类问题，可以问问孩子“今天心情怎么样”，“最近的美工课你们都做哪些东西了”，“今天放学和谁一起回家的”等，这些问题一方面能让孩子感觉到你的关心，同时也能更好地打开谈话的局面。

另外，在谈话的过程中，父母应该多问一些启发性的问题，给孩子更多自由发挥的空间，而不要把谈话变成单方面的说教。

4.要紧跟时代潮流，更新自己的思想

如果父母能经常主动地与孩子讨论当前流行的一些事物，并主动学习一些孩子感兴趣的东西的话，两代人之间就会有更多的共同语言，孩子也会更愿意和父母进行交流和沟通。

5.沟通的方式可以多样化

与孩子进行沟通，不应该局限于对话交流，还可以采用其他的方式，比如书信交流、发送电子邮件、写交流日记等。有些孩子觉得难以启齿的事，或是父母觉得当面询问不合适的问题，采用这些方式反而更能取得沟通的效果。

教子心经

一位教育专家曾经说过：“如果孩子不愿意把自己的欢乐和痛苦告诉父母，不愿意与父母坦诚相见，那么谈论任何教育总归都是可笑的。”的确如此，父母只有与孩子进行有效的沟通，才能了解孩子的想法，才能给逆境中的孩子以安慰和引导，不断提高孩子的逆商，实现孩子的全面发展。

做孩子的知心朋友

美国教育专家在家庭调查中发现，子女对父母有特殊的信任，他们往往把父母看成是自己学习上的蒙师，德行上的榜样，生活上的参谋，感情上的挚友。他们也特别希望能得到父母的信任，像朋友一样和父母平等地交流。

做孩子的知心朋友，让孩子感受到父母的理解和信任，孩子就会对父母充满感激和敬爱，从而更加亲近父母，更愿意把生活和学习上的困难，以及自己内心的想法告诉父母。这样，父母就能更了解孩子，当孩子遭受挫折时，父母也就能更及时地帮助孩子。

那么，父母要怎样才能成为孩子的知心朋友呢？

1.父母要用心尊重孩子

做孩子的知心朋友有一个很重要的前提，那就是要把孩子看作一个独立的个体，给孩子足够的尊重。孩子虽然年龄小，内心却很敏感，因此，父母一定要用心去呵护孩子那脆弱的自尊心。父母不仅不应该动不动就责骂孩子，还应该多给孩子发言的机会，多倾听孩子的心声。

周末下午，妈妈陪刚上一年级的妞妞在家写作业。妞妞写了一会儿，拿着她的算术本来到妈妈面前，对妈妈说："妈妈，这道题我不会做，你教教我吧！"妈妈接过本子一看，是一道很简单的算术题，便耐心地鼓励妞妞说："你再仔细想一想，凭你聪明的小脑袋瓜，一定能想出来的！”没想到，妈妈的话刚说完，妞妞就大哭起来，而且哭得很伤心，像是受了天大的委屈一样。

妈妈有些莫名其妙，但是她并没有打断孩子，而是静静地注视着孩子。等妞妞的哭声渐渐小了，妈妈才抱起她温柔地问道：“告诉妈妈，是不是哪里不舒服？还是有什么委屈？说出来，看看妈妈能不能帮你！”在妈妈的鼓励下，妞妞才断断续续地说了一大堆的委屈：“你们以为读书好玩吗？在幼儿园里，口渴了自己可以起来倒水喝，现在上课的时候，口渴了老师也不让喝水，下课了又找不到水喝；在幼儿园里，不高兴了，老师会来问我哪里不舒服，还可以打电话给妈妈，现在上课的时候，老师总板着脸，还不准动；在幼儿园里，小朋友们可以有东西吃，可以做游戏，在学校上课就没有东西吃，也没有游戏做……”

妈妈这才知道，原来妞妞的心态一直都没有调整过来。从那以后，妈妈不再强迫妞妞学习，每天都会抽时间陪妞妞，经常给她讲一些自己上学时候的事。一段时间后，妞妞再也没说过学习辛苦，每天放学回家都会兴奋地和妈妈说学校里发生的趣事。

只有尊重孩子，多给孩子发言的机会，多倾听孩子的心声，孩子才能感受到父母的关心和重视，才会感觉到安全，孩子也才会愿意和父母合作，和父母成为朋友。

2.父母要宽容地对待孩子的错误

这天，儿子在客厅玩时，不小心把一只刚买不久的花瓶打碎了。爸爸看到后很生气，但看到儿子那吓坏的样子，爸爸便消了气，不仅没有骂儿子，还安慰儿子：“没关系，爸爸小时候也有不小心打碎东西的时候，下次小心一点就行了。”儿子听完爸爸的话，表情由惊恐变为惊奇，最后竟然哭着扑到了爸爸怀里。

过了几天，爸爸带着儿子出去玩，出门后，爸爸问儿子：“你想吃什么零食？爸爸去给你买！”没想到，儿子坚定地摇摇头，对爸爸说：“爸爸，我什么零食也不吃，你把买零食的钱攒着买个新花瓶吧！”爸爸听后，心里感动不已。

孩子做错事时，批评和惩罚往往达不到让孩子真心改过的目的，还会对孩子的心理造成伤害。面对犯错误的孩子，家长应该控制住自己的脾气，用宽容的态度来对待孩子。孩子犯错误后，很可能已经知道自己错了，这时候，父母若能理解孩子，循循善诱地教导孩子，耐心地帮助孩子指出错误并帮助孩子改正，孩子就会对父母充满感激，并学会自我反省，从而改正自己的错误。

3.父母要把握好对孩子的宽严尺度

在日常生活中，对孩子的一切，切忌热心包办和冷淡蔑视。凡是孩子能做的事，只要是有益的，父母都应支持他们去做。孩子缺乏经验和技术，有时失败了，或者有什么失误，这是正常现象。当孩子遇到挫折和失败时，父母应多进行安慰和鼓励，帮助他们找出原因，使他们的自信心得到充分的保护。

4.父母可以适时向孩子“求救”

在生活中，大多数的家长都会以一副高高在上的成人心态教孩子学知识，培养孩子的好习惯、好性格。然而，很少有家长知道，适时向孩子“求救”，向孩子示弱，更能拉近与孩子之间的距离。确切地来说，父母向孩子示弱，是欣赏孩子的一种表现。当父母向孩子“求救”时，孩子就会得到一股无形的鼓励力量，孩子就更容易放下对父母的戒备心理，从而愿意真心地接纳父母，与父母成为好朋友。

教子心经

父母做孩子的知心朋友，能够激发孩子内心的动力，他们会在父母的信任和鼓励中，体会到友情的温暖，变得自信起来。面对挫折时，他们也会因为有了父母的支持而更加勇敢和积极，从而能以更加昂扬的姿态来面对自己的人生。

帮助孩子制订计划

一位美国的心理学家做过这样一个实验：他找到一些缺乏耐心、毅力很差的孩子，把他们分成两组。然后他指着一堆积木，对其中的一组说："你们现要用这堆积木搭一座房子。"

孩子们本以为一定又是智力测验、题目演算一类的实验，没想到却是玩游戏。孩子们高兴极了，兴冲冲地动手做了起来。可是孩子们也渐渐发现，用一大堆积木搭一座一米多高的房子，并不是一件容易的事情。半个小时过去了，有的孩子失去了兴趣，就去玩别的了；又过了半小时，这一组中的所有孩子都失去了耐心，房子却几乎连地基都没能完成。

轮到第二组的孩子时，心理学家对这组里的孩子们说："现在你们要搭一座房子，但是在搭房子之前，你们要告诉我们准备花多长时间去搭地基，多长时间去盖墙壁，多长时间去搭屋顶，多长时间去安装窗户。"小朋友们商量了一会儿，给出了大概的时间，他们估计地基要花半个小时的时间，墙壁要花一个小时的时间，屋顶和窗户又分别各花半个小时。

在之后的时间里，孩子们就按照这个时间进度去搭建房子，互相提醒，互相配合。虽然最后所用的时间超出了原本的计划，但最终的结果却是，三个小时后，孩子们终于把房子搭好了。

看到搭好的漂亮房子，孩子们自己都不敢相信这是出自他们的手笔。他们相互庆贺，同时又感到困惑："这么难的工作，我们是怎么做成的啊？"心理学家听后，微笑着告诉他们："把一项复杂的工作分解成几个简单的部分，再按步骤去做，就不会感觉它有那么难了！"

这个实验告诉我们一个道理，通过恰当地分解复杂的任务，并且给每一项分解任务分配合理的时间，可以有效地缓解孩子的焦躁情绪，使孩子更具有耐心和持久性，让孩子最终得以完成原本以为无法完成的任务。

孩子在遇到困难，或是遭受挫折的时候，往往会表现得缺乏独立性和自信心。其实，这并不是因为他们本质上就软弱，而是他们对一件看起来"很复杂"的工作有一种畏难情绪。这时候，就需要父母帮助孩子制订切实可行的计划，帮助他们把复杂的任务和工作进行分解。这样，孩子就可以一步步、按部就班地去完成，不再感觉那么吃力。一步一个小成功，最终孩子就能战胜挫折，换取大成功，同时，孩子还能在每一次的成功后，增强自己的独立性和自信心，不断提高自己的逆商。

家长在帮助孩子制订个人计划时，应该注意以下几个方面。

1.列出孩子的目标和要完成的任务

父母在帮助孩子做计划的时候，可以先来一个"头脑风暴"：父母和孩子坐在一起，拿出纸笔，把孩子所要达到的目标写下来，并把各自想到的，要达成这一目标孩子需要做的事情、要完成的功课等列出来。然后再根据孩子的实际情况，分出轻重缓急，有针对性地安排孩子的时间和精力。

当然，父母还要注意，在列计划的时候，不能贪心，要注意给孩子留出空余时间，应该把孩子的吃饭、休息、锻炼、娱乐等时间都考虑进去。

2.制订的计划要符合孩子的个人实际

孩子由于经验和知识的缺乏，有时候难免心志太高或者自信心不足，做父母的应该在一旁给予适当的指导，分析孩子的优缺点，帮助他制订合适的计划。父母协助孩子制订计划时，一定要以孩子的实际情况为出发点，否则就可能会出现两种情况：一种是目标太高，孩子完不成，就容易灰心丧气，产生懈怠心理；而另一种则是目标太低，缺乏挑战性，对孩子的发展也没有任何意义。

3.监督计划的执行情况

计划制订后，孩子能不能很好地执行是关键。孩子缺乏坚韧的意志力，一遇到困难便很容易放弃，因此，父母应该及时关注孩子的执行情况。

对于孩子在执行计划过程中出现的问题，父母应该及时向孩子提出来，并且给他们提出一些可行的建议。孩子在执行过程中出现懈怠时，父母应该及时鼓励他们坚持下去，这样才有利于养成良好的习惯，也才能达到制订计划的目的。

4.执行计划的时候要及时检查效果

当计划执行到一定阶段后，就应当检查一下执行的效果怎样。如果效果不好，就要找原因，及时调整。检查的内容包括是否按计划去做了，效果怎么样，安排松紧是否得当，没有完成计划的原因是什么，等等。通过检查，及时修订计划，改变原先不科学、不合理的地方。

5.计划完成时，要及时地进行反馈和评价

当计划完成的时候，父母应该及时地给予反馈和评价，告诉孩子哪里做得很好，实现了预定的目标，哪些做得还不够，需要进一步努力，并且帮助他分析成功和失败的原因。父母的反馈和评价应该中肯，不能因为孩子没有实现预期的目标就大发雷霆，也不能因为孩子完成得不错就过分夸大他所取

得的成绩，这些做法都是不恰当的。让孩子看到自己的成绩和不足，鼓励他扬长避短才是家长应有的正确态度。

教子心经

“凡事预则立，不预则废”，当孩子遇到挫折时，帮助孩子制订切实可行的计划显得尤为重要。父母应该帮助孩子把“复杂”的目标进行分解，帮助孩子确定行动的方向，并指导孩子合理地安排时间和精力。只有这样，孩子才能在一个个的小目标中，一步步走出逆境，战胜挫折。

教给孩子管理情绪的正确方法

情绪管理，就是用对的方法，用正确的方式，探索自己的情绪，然后调整自己的情绪，理解自己的情绪，放松自己的情绪。简单来说，就是要以最恰当的方式来表达情绪。

亚里士多德说过：“任何人都会生气，这没什么难的。但要能适时适所，以适当方式对适当的对象恰如其分地生气，可就难上加难。”孩子在遇到挫折时，总会有一些不良的情绪反应，比如愤怒、沮丧、灰心失望等。如果这些情绪得不到及时正确地宣泄，那么，不仅会给孩子的生活和学习带来不利的影响，还会损害孩子的心理健康。因此，要提高孩子的逆商，父母不仅需要引导孩子宣泄不良的情绪，还要教给孩子一些管理情绪的正确方法，让孩子在觉察自己情绪的同时，用最恰当的方式，更充分地表达和管理自己的情绪。

一般来说，调节和管理不良情绪的方法主要有以下几种。

1.心理暗示法

积极的自我暗示可以让孩子保持好的心情、乐观的情绪，从而调动孩子的内在因素，让孩子充分发挥出他的主观能动性，最终摆脱消极的情绪，找到战胜挫折的勇气和信心。

心理学的实验表明，当一个人在静坐时，默默地说“勃然大怒”、“暴跳如雷”、“气死我了”等语句时，心跳就会加剧，呼吸也会加快，仿佛真的发起怒来。相反，如果默念“喜笑颜开”、“兴高采烈”、“把人乐坏了”之类的语句时，他的心里也会产生一种乐滋滋的体验。由此可见，言语活动既能唤起人们愉快的体验，也能唤起不愉快的体验；既能引起某种情绪反应，也能抑制某种情绪反应。

家长应该教会孩子运用积极的心理暗示，用内部语言或书面语言对自身进行暗示，缓解不良情绪，保持心理平衡。比如，默想或用笔在纸上写出下列词语：“冷静”、“三思而后行”、“制怒”、“镇定”等。实践证明，这种暗示对人的不良情绪和行为有奇妙的影响和调控作用，既可以松弛过分紧张的情绪，又可用来激励自己。

2.自我安慰法

当一个人遇到不幸或挫折时，为了避免精神上的痛苦或不安，可以找出一种合乎内心需要的理由来说明或辩解。如，当人们遇到情绪问题时，经常用“胜败乃兵家常事”、“塞翁失马，焉知非福”、“坏事变好事”等词语来进行自我安慰，这样可以缓解矛盾冲突、消除焦虑、抑郁和失望，达到自我激励，总结经验，吸取教训的目的，也有助于人们保持情绪的安宁和稳定。

运用这种方法时，父母应该让孩子认识到，自我安慰的目的是缓解自己的不良情绪，而不是自我逃避，最终目的是为了能更好地总结经验教训，更好地前进。

3.转移注意力法

转移注意力法，就是把注意力从引起不良情绪反应的刺激情境，转移到其他事物上去或从事其他活动的自我调节方法。如：外出散步，看看电影，打打球，下盘棋，找朋友聊天等。这种方法，一方面中止了不良刺激源的作用，防止不良情绪的泛化、蔓延；另一方面，通过参与新的活动特别是孩子自己感兴趣的活动而达到增进积极的情绪体验的目的。

4.交往调节法

某些不良情绪常常是由人际关系矛盾和人际交往障碍引起的。当孩子被这样的情绪困扰时，父母应该鼓励孩子主动地进行人际交往，或是找好朋友进行谈心。这样可以很好地缓和、抚慰、稳定情绪，还有助于交流思想，沟通情感，增强孩子战胜不良情绪的勇气和力量。

5.适度宣泄法

过分压抑只会使情绪困扰加重，而适度宣泄则可以把不良情绪释放出来，从而使紧张情绪得以缓解和轻松。因此，孩子被不良情绪困扰时，最简单的办法就是“宣泄”。比如，可以让孩子痛快地大哭一场，让孩子去进行一场篮球比赛，用运动的方式宣泄自己的不良情绪，或者到空旷的广场大声喊叫，发泄胸中的怨气等。

但是必须指出，在采取宣泄法来调节自己的不良情绪时，父母一定要注意引导孩子采取正确的方式，选择适当的场合和对象，以免引起意想不到的不良后果。

教子心经

消极情绪若不适时疏导，轻则败坏情致，重则使人走向崩溃。孩子身陷逆境，如果不能及时地疏导自己的不良情绪，就会严重影响孩子面对困难的理智和信心。因此，家长在对孩子进行挫折教育时，应该教给孩子一些消除负面情绪的方法，帮助孩子更好地管理自己的情绪。

孩子受挫时，要鼓励他振作起来

孩子在成长的过程中，会遇到一些挫折，有些挫折是靠孩子自己的力量不能战胜的，这时，父母应该鼓励孩子振作起来，并伸出援助之手，帮助孩子走出困境。

1.给孩子有力的情感支持

父母的信任和支持，能给孩子带来巨大的勇气和力量。父母在生活中，应该给予孩子有力的情感支持，让孩子知道，不论发生什么事，父母始终和他同在，只要他需要，父母一定会在第一时间给予他有力的支持和帮助。

汶川地震发生后，一位父亲赶到儿子的学校，看着倒塌的校舍，忍不住跪在地上失声痛哭。哭了一阵之后，他猛然想起自己常对儿子说的一句话："不论发生什么，我总会跟你在一起！"于是，他坚定地站起身，向废墟走去。几个小时后，在人们的帮助下，他救出了自己的儿子，还有另外几名孩子。儿子见到父亲后说："我告诉同学们不要害怕，只要我爸爸活着就一定会来救我，也就能救出大家。因为你说过，不论发生什么，你总会和我在一起！"正是父亲的这句话，坚定了孩子活下去的信心，使孩子战胜了死亡和恐惧。

2.鼓励逆境中的孩子

在逆境中，很多孩子都容易产生消极反应，他们往往会垂头丧气，甚至采取退避的方式回应逆境。这是做家长的最不愿意看到的现象。在这时，家长最需要做的，就是用自己的鼓励，帮助孩子树立信心，引导孩子走出逆境。

巴雷尼小时候因病成了残疾，母亲强忍住内心的悲痛，对他进行鼓励和帮助。她拉着巴雷尼的手说：“孩子，妈妈相信你是个有志气的人，希望你能用自己的双腿，在人生的道路上勇敢地走下去！巴雷尼，你能够答应妈妈吗？”母亲的话，像铁锤一样撞击着巴雷尼的心扉。从那以后，母亲只要一有空，就陪巴雷尼练习走路、做体操，母子两个常常累得满头大汗。体育锻炼弥补了残疾给巴雷尼带来的不便，他在母亲的影响下，终于经受住了命运给他的残酷打击。通过刻苦学习，巴雷尼以优异的成绩考进了维也纳大学医学院，大学毕业后，他以全部精力致力于耳科神经学的研究。最后，他终于登上了诺贝尔生理学和医学奖的领奖台。

3.“3C”原则帮助孩子走出困境

美国的儿童心理学家还教给家长们一个叫作“3C”的办法，来帮助孩子们走出困境。这个“3C”是指Control（调整）、Challenge（挑战）和Commitment（承诺）。

“调整”指的是一种心理上、情绪上的调整，目的是帮助孩子认识到困难并不等于绝境。例如，孩子在数学比赛中失败了，做父母的可以这样调整孩子的心态：“我知道考得不好你心里很难受，但你的其他课程考得非常不错呀！”这样让孩子能对挫折有一个客观的评价，不会过分放大数学的影响，从而不放弃希望。

“挑战”指的是给孩子一种心理挑战，让他学会在不高兴的事情中看到快乐的一面。例如，家长可以继续这样安慰伤心的孩子：“一次考试不好，心里确实不好受。但妈妈知道你是一个上进的人，不管在什么考试中，你都会试图考得更好，妈妈相信你在下次的数学考试中一定能取得好成绩。”给孩子一个新的希望，他就会有努力的目标和前进的动力。

“承诺”指的是用承诺的方式帮助孩子看到生活更为广大的目的和意义。例如，同样这个事例，家长可以这样说：“你觉得考得不好让妈妈很失望，但其实，妈妈一直是以你为荣的。不管你考得怎样，只要你认真去考了，妈妈都为你感到骄傲。”这其实就是对孩子的一种信任和支持，能有效地鼓励孩子更好地振作起来。

事实上，家长鼓励孩子克服困难和挫折的关键，就是对孩子的努力行为做出正确的评价，让孩子能够正确评价自己的行为和结果之间的关系，然后更好地找到合适的目标和前进的动力。

教子心经

身处逆境中的孩子，更需要得到父母的鼓励和支持。父母应该用积极的态度去影响孩子，帮助孩子调整心态，让他对挫折有一个正确、客观的评价。然后鼓励他在逆境中看到希望，鼓励他振作起来，并以积极的态度和行动克服挫折。

引导孩子从挫折中总结经验教训

小文一直都是一个听话的孩子，每次考试都名列前茅，学习从来不用父母操心。这天，爸爸回到家，发现小文闷闷不乐地坐在沙发上看电视。爸爸走过去问他："什么事让小文这么不开心啊？"小文看了眼爸爸，脸唰地变红了，低下头不说话。

在爸爸的耐心询问下，他才说出了原因。原来这次月考小文最擅长的数学没能拿到第一名，这让他心里很难受，觉得对不起父母。爸爸听完后耐心地开导他："没有谁会永远得第一，这次考不好，对你来说是件好事。你要学会分析没考好的原因，并向同学学习经验，这样才能不断地提高自己。爸爸相信你一定可以做得很好的！"在爸爸的帮助下，小文拿出试卷认真分析了原因，找到了自己的薄弱环节，并进行了强化学习，数学成绩有了很大的提高。

挫折并不可怕，真正可怕的是在挫折打击下变得自卑、麻木。当孩子遭遇挫败甚至是失败时，家长要及时地鼓励和支持孩子，同时还要引导孩子分析挫折产生的原因，让孩子学会从挫折和失败中总结经验教训，这也是提高孩子逆商的一个重要内容。

那么，父母应该怎样引导孩子从挫折中总结经验教训呢？

1.帮助孩子正确归因

按照心理学的归因理论来看，人们对原因的归结可以分为两种类型，即外归因和内归因。倾向于外归因的人，习惯认为自己的行为结果是受外部力量控制的，这种外部力量可以是运气、机会、命运、他人的权力、自然界的力量等无法预料和支配的因素。倾向于内归因的人，则习惯于认为自己的行为结果是受内部力量控制的，支配自己成功、失败和前途的原因是本身的能力和技能以及自己的努力程度等。

正确归因，就是要对造成挫折的原因进行实事求是地认识和分析，弄清产生挫折的原因到底是外部的，还是内部的，或是内外部两种因素相互交织、共同起作用的。正确的分析和归因，是应付和解决挫折情境的必要基础。

把成败结果一概归因于外部因素的人，必然不能对行为做自我控制和自我调节，面对挫折会感到无能为力和束手无策，从而不能尽自己的最大努力去克服困难和改变失败的处境。但是，把成败结果统统归结于个人的努力不足，过多地责备自己，也是不现实的，这样的人同样不能对自己的行为结果负起合理的责任，不能有效地改善挫折处境。

父母应该让孩子认识到，挫折的产生，可能存在外界的客观因素，也可能存在内在的主观因素，或是二者相互作用的结果。只有找到真正的原因，才能对症下药解决问题。

2.引导孩子总结挫折中的经验和教训

引导孩子总结经验教训时，可以从以下三个方面进行参考。

（1）动机是否正确

有一个实验研究了不同动机对儿童行为的影响：学前儿童活泼好动，要他们长时间地站着不动是很困难的。但实验者安排了一种游戏的情景，儿童所扮演的角色要求他长时间地保持不动的站立姿势。这时情形就明显不同，和成人单纯地提出要求相比，游戏情境中保持站立的时间要长3至4倍。这除了游戏带来的情绪方面的有利因素外，儿童的活动动机显然起着重要的作用。

动机是推动人从事某种活动，并朝一个方向前进的内部动力，是为实现一定目的而行动的原因。不同性质的动机，可以对人具有不同的意义，具有不同强度的推动力量。人们行动的方式、行动的坚持性和行动效果，在很大程度上受动机性质的制约。错误的动机往往达不到应有的激励作用，分析和确定这点对孩子来说很重要。

（2）目标是否恰当

挫折指的就是人们在实现目标的过程中，遇到无法克服或自以为无法克服的障碍或干扰，使其需要或动机不能得到满足而产的障碍。因此，当孩子遭遇挫折或失败时，家长应该帮助孩子分析目标，要结合孩子的智力、体力、年龄等实际情况，全面地进行分析。如果目标过高，就应该适当降低或改换目标，否则目标将起不到应有的导向和激励作用。

（3）方法是否得当

方法对了，才能起到事半功倍的效果。如果通过分析和评估，目标确属可能达到的，就要检查孩子采取的达到目标的途径和方法是否得当了。如发现“此路不通”，就要改弦易辙，而不应该停留在十字路口观望、徘徊，坐失良机。

教子心经

引导孩子用积极的态度，客观冷静地分析遭受挫折的原因，及时找出失败的症结所在，孩子才能从中吸取教训，总结经验，也才能用切实的行动去促使挫折情境发生改变。只有不断地总结和积累，孩子才能不断地提高自己的逆商，增强自己对挫折的承受能力和应对能力。

增强孩子受挫后的恢复能力

在对孩子进行挫折教育时，父母还需要注意挫折教育中的重要一环，那就是增强孩子受挫后的恢复能力。父母要引导孩子学会正确地面对挫折，培养孩子受挫后的恢复能力和自信心。这样，孩子在将来的生活和学习中，独自面对挫折时，才能够泰然处之，积极乐观。

那么，家长应该如何增强孩子受挫后的恢复能力呢?

1.把积极的态度传递给孩子

一位父亲分享自己的经验时说："不论家里遇到什么困难，我从来都不会向孩子隐瞒，除了积极地引导他思考解决这些难题和困难的方法之外，我还让他参与到解决这些难题和困难的过程中来。"

前段时间，家里房子的房贷又要交了，但这位父亲和妻子的工资却迟迟不发。父亲把这一情况告诉了儿子，儿子也很着急，不停地帮着想办法出主意："找爷爷借点，找姥爷借点……"儿子的这些主意都被父亲否决了。

父亲没有找任何人借钱，而是当着儿子的面给单位领导打电话，礼貌地询问工资不发的原因，再把自己面临的情况向领导讲述了一遍。在整个过程中，父亲既没有表现出急躁，也没有故作可怜。最终，单位领导终于把压下的工资发了下来。

这位父亲说："不管遇到什么样的难题，我都会让儿子在一旁观察我的解决方式。就这样，时间长了，儿子不管经历了什么样的失败，遇到了什么样的挫折，他都不会产生'天要塌下来'的感觉。"

对于年龄尚小的孩子来说，在很多时候，也许他们还不具备解决难题的能力，但他们常常会借鉴家长应对挫折的经验。也就是说，他们每时每刻都在学习家长对待挫折的态度和应对的方法。因此，家长应该积极地面对挫折，并有意识地让孩子参与到解决问题的过程中来，让孩子观察到自己与挫折作斗争的全过程。另外，家长还可以针对不同的挫折情况，适当教授孩子一些抗挫折的方法。

2.站在孩子的角度理解孩子

被誉为"全球第一CEO"、"最受尊敬的CEO"、"美国当代最成功、最伟大的企业家"的通用电气原CEO——杰克·韦尔奇，谈到自己的成功时，总是会讲起自己的母亲。他说，由于自己在上大学之前从来没有真正离开过家，甚至都没有参加过一次过夜的野营活动。因此到马萨诸塞大学的第一个星期，他过得很不好，身边那些优秀的同学让他的内心感到孤独和焦虑，他非常想家。

对韦尔奇的这些负面情绪，母亲并没有进行批评或斥责，而是花了三个小时驾车到了他的学校。母亲表示了对韦尔奇的同情和理解，并对他进行了这样的鼓励。母亲对他说："看看周围的这些孩子，他们从来没有想过回家。你和他们一样优秀，而且还要出色。"母亲的理解和激励，让韦尔奇重新调整了自己，不到一星期，他便又和从前一样信心十足了，并在大学的第一年里取得了不错的成绩。

当孩子面对挫折时，家长应该学会站在孩子的角度思考，同情并理解孩子，用孩子的思想谨慎地接触他们的心灵，了解他们的需要，积极鼓励他们。

3.引导孩子合理释放情绪

发现孩子受挫后，家长要采用适当的方式，引导孩子宣泄受挫的苦闷心情，不要让孩子把苦闷压在心里。

家长也可以用交谈或书信方式提醒孩子，向亲人、老师、同学或朋友倾吐内心的压抑之情，取得他们的理解和帮助，以缓解心理压力。也可以鼓励孩子通过写日记的方式，把心中的不快宣泄出来，从而厘清思路，稳定情绪。

家长还可以引导孩子转移注意目标，消解他们的紧张心理。比如，通过陪孩子外出散步游玩，一起听听音乐，或谈论他们喜欢的明星，来分散他们的注意力，稳定他们的情绪，减轻并消除他们的挫败感。

教子心经

要增强孩子受挫后的恢复能力，父母就应该把自己积极的人生态度传递给孩子，并教给孩子一些对抗挫折的经验和方法。同时，父母应该多站在孩子的角度理解孩子，引导孩子释放自己的情绪，更快地恢复情绪。

让孩子在错误中学习和不断提高

一位著名教育家曾说：“犯错误是最好的学习方式。”但是，现实生活中，有不少父母的教育观念却是鼓励孩子少犯错误，不犯错误的才是好孩子。父母这样的教育理念可能会导致孩子害怕犯错误，害怕变通，最终渐渐失去了尝试的勇气和兴趣，从而错过许多学习和成长的机会。

在孩子的成长过程中，孩子出现错误，有些时候是因为知识的缺乏、经验的不足，有时候是因为疏忽所致，而有时候则是与能力有关。父母应该允许孩子犯错误，鼓励孩子勇敢地去尝试，因为，孩子只有在不断地尝试中，才会减少挫败感。允许孩子犯错误，并让孩子在错误中学习和不断提高，是家长对孩子进行挫折教育的一个重要内容。

面对犯错误的孩子，家长应该注意以下几个方面。

1.以温和的态度对待孩子的错误

孩子犯错误时，确实需要父母的指导和管教，但是父母一定要掌握正确的教育方法。如果父母总是不分青红皂白，开口就骂，举手就打，那么，不仅于事无补，还会给孩子的生理和心理上造成压力，影响孩子的健康成长。父母应该以温和的态度对待孩子的错误，给孩子解释的机会，弄清事情的来龙去脉，再对孩子进行引导和教育。

2.让孩子自己判断对与错

孩子做错事是难免的，但有的孩子，同样的错反复多次，有的孩子错一次，下次就知道怎么做了。为什么会有这么大的不同呢？其实，这与父母的态度有很大的关系。

有一位名校毕业的电脑工程师说，他小时候很贪玩，刚入小学那个学期，他的成绩非常糟糕。当他把成绩单拿给妈妈看时，妈妈什么也没说，只是仔细地看着成绩单，不时抬头看看他的脸。妈妈什么话也没说，可是妈妈的目光却让他感到羞愧，从那以后，他不再那么贪玩，成绩也再没差过。

英国前首相丘吉尔小的时候，母亲经常让他帮忙买些简单的日用品。开始的时候，他很粗心，常常买错。母亲从来不曾责备他，只是对他说："明天你再去一次。"

这两位妈妈的共同点是，都没对孩子的错误一味责备，而是给孩子时间和空间，让孩子自己体会，是否错了，为什么错了，怎样改正。

如果父母对孩子一味责备，动不动就对孩子说："我不是早就跟你说了吗？你应该这样……"那么，孩子不但会逐渐丧失自信，还会对大人的判断产生依赖心理，失去自我反省和想办法解决问题的积极性；责备得多了，甚至还会让孩子产生强烈的逆反心理，就会反复地犯错。

父母可以帮助孩子分析事情的经过，然后给孩子一定的时间，让孩子进行自我反省，让孩子自己说出自己的错误所在，这样对孩子改正错误更有帮助。

3.让孩子在错误中学习和提高

唯恐犯错的心理往往会使人们不敢去尝试新事物或承担风险。对孩子进行挫折教育，最重要的不是要阻止孩子犯错误，而是要让孩子在错误中学到东西，不断提高。

父母要告诉孩子，大胆地去尝试，出现失误不要紧，每个人第一次做某件事情的时候，都不会像期望中那么完美。父母这样的引导，会给孩子安全感，同时也能增强孩子对挫折的承受能力，就算没有达到预期的效果，孩子也不会有那么强的挫败感。

有时候，孩子之所以会犯错，是因为缺乏知识和经验。这时候，父母可以采用角色扮演的方法，模拟和再现问题情境，教导孩子哪些事可以做，哪些事不可以做，应该怎样去做等。比如，孩子在幼儿园与小朋友吵架了，你要了解一下真实情况，最好的方法就是与孩子各扮演一个角色，将已发生的事重演一遍。这样的方法，生动形象，更能让孩子认识到自己的错误，并从中学到处理问题的方法和经验，下次再遇到这样的场景时，孩子就能清楚地知道应该怎么去处理了。

要让孩子从错误中学习，父母就要引导孩子进行自我调整，理解孩子，多鼓励孩子，帮助孩子建立起战胜挫折的信心。父母可以让孩子把他最近的成果与以前的成果相比较，还可以向孩子讲述自己曾经犯过的错误，鼓励孩子只要勇敢地承认错误，并积极地去改正，就可以不断地提高自己。

总之，在对孩子进行挫折教育的过程中，父母不应该总是盯着孩子的错误不放，而要赞扬孩子尝试活动的勇气和努力，引导和鼓励孩子从犯错误的痛苦中走出来，在错误中学习和不断提高自己。

教子心经

成长过程中，孩子犯错误在所难免，父母应该多给孩子一些理解和鼓励。心理学家莱顿曾说：“如果孩子拥有一个充满爱的家，那么，他们几乎可以从所有的过失中学到益处。”父母的爱和信任，最能激起孩子从错误中改过的动力，这也是提高孩子逆商的有力武器。

多鼓励和赏识孩子

人类行为学家约翰·杜威曾说：“人类本质里最深远的驱策力就是希望具有重要性，希望被赞美。”每一个人都希望自己被尊重、被认可，一旦这种精神需求得到满足，人就会充满自信和动力，而赞美则是对一个人最大的认可和接纳。一个人在得到赞美的情况下会更加积极努力，发挥出自己的潜能。赞美对于孩子来说，更是如此。

一位心理学家曾做过这样的类比：“孩子需要鼓励，就像植物需要水。”是这样的，父母的一个微笑、一个鼓励的眼神、一句肯定的话语，都可以成为一粒自信的种子，播撒在孩子的心田，激起他们强烈的满足感，并激发出强大的动力。

拿破仑·希尔是世界著名的励志大师，他创建的成功哲学和十七项成功原则，以及他永远如火如荼的热情，鼓舞了很多人，也正因为如此，他被大家称为“百万富翁的创造者”，而他的成功很大一部分来源于继母的赞赏和鼓励。

希尔很小的时候，母亲就去世了，他一直不是一个让人省心的孩子。他的父亲把继母领回家的那一天，希尔双手交叉着放在胸前，直立着凝视她，没有丝毫欢迎的表情。父亲有些尴尬地对继母说：“这就是拿破仑，是希尔兄弟中最坏的一个。”继母在听了这句话后，把双手放在希尔的两肩上，温和而坚定地看着他的眼睛，说：“这是最坏的孩子吗？我看完全不是！他恰好是这些孩子中最伶俐的一个，而我们所要做的一切，无非是把他所具有的伶俐品质发挥出来。”那一刻，希尔是感动和震撼的，他意识到自己是被爱和欣赏的。所以，在以后的日子里，他愿意听从继母的教导。在继母的激励下，他努力追求，取得了伟大的成就。

对孩子的表扬和赞美，会给孩子带来愉快的心理体验，产生良好的激励作用。让孩子更好地认识到自己的优势和长处，更加自信地发挥和挖掘自己的潜能，对孩子的成长提供一个正确的导向作用。父母越是欣赏孩子，就越是能感受到孩子的力量，孩子就会活出父母所期望的精彩来。

然而世界上最容易做也是最糟糕的事情之一，就是挑别人的毛病，动不动就给别人提意见。很多父母容易用家长的权威凌驾于孩子的意志，不自主地用成人的眼光去评判孩子的思想和行为。父母不妨仔细想想，在和孩子一起的岁月里，你给予了孩子多少鼓励和赞美？又给予了多少批评和指责？

教育专家指出：“没有赏识，就没有教育。”在孩子的成长过程中，父母应该多赞赏和鼓励孩子，对遭遇挫折和失败打击的孩子，则更应该如此。

那么，家长应该怎样赏识孩子呢？在赞美孩子的时候又应该注意哪些问题呢？

1.父母正确的赞美应该对事不对人

当孩子完成一件事时，家长的赞美应该针对孩子付出的努力、表现的态度和取得的效果，而不是孩子的性格。比如，孩子将玩具全部整理好，家长可以这样来赞美孩子：“你已经能自己收拾玩具了，又快又整齐，我真高兴！”而不是这样来赞美：“呀，你真聪明，真是听话的好孩子！”家长只需要把孩子所做的事情如实地描述出来，对孩子来说就是一种最好的赞美了。

2.赞美要从点滴入手，由小见大

孩子的进步都是从点滴小事开始的，要善于捕捉生活中的闪光点，让孩子看到努力的方向，可望并可及。“不积跬步，无以至千里”，父母要看到孩子的点滴进步，及时适度地进行表扬，才能帮助孩子实现更大的进步。

3.赞美孩子时一定要具体

良好行为习惯的养成是从具体、细小的行为开始的，家长在赞美孩子的时候应该言之有物，越具体越好。一些家长赞美孩子时常常只说“你是一个听话的孩子”、“你是个有礼貌的孩子”、“你真棒”，这样的赞美往往会让孩子一头雾水，不知道自己做了什么事情赢得了父母的夸奖。父母可以把这样的夸奖换成对孩子行为的描述，比如，“你主动把玩具让给小朋友玩”、“你把被子叠得整整齐齐”、“你看到老师主动问好”等。这么一说，孩子豁然开朗，孩子对自己行为的认识也就更清楚了。

每次赞美孩子的时候，家长一定要尽量说出孩子值得你赞美的细节，也要尽可能多地描述自己因为孩子的这些优点而感受到的快乐和骄傲，这样能更好地让孩子感受到你的真诚，增加孩子幸福的体验，更好地增强孩子的自信。

4.在孩子失败的时候加以赏识

孩子失败的时候，父母不要讳言孩子的失败，也不能把失败完全归因于客观因素，而应该引导和鼓励孩子正视自己的失败。父母可以多给孩子讲讲人们失败的例子，可以是历史故事，可以是名人故事，还可以是家长自己的亲身经历，要帮助孩子认识到，失败是人生的常态。

然后，父母要对孩子的努力做出肯定，并指出孩子做得好的地方，让孩子能正确地评价自己的行为。接下来，父母要引导孩子思考“我得到了什么”，启发孩子从失败中总结经验和教训。父母的赏识和鼓励，能让孩子在较短的时间内重新振作起来。

教子心经

有句俗话说得好：“数子十过，不如奖子一长。”孩子更喜欢肯定式的教育，父母的赏识和鼓励，能帮助孩子建立起较强的自我价值感，让孩子养成乐观自信的性格。因此，父母要学会把孩子当作一个天才来欣赏，赞赏他的与众不同，肯定他的每一个优点、每一次进步。这样，孩子就能拥有不断前进的动力，不断提高自己的逆商，取得一次又一次的成功。

帮助不合群的孩子融入集体

幼儿园里，其他小朋友都在开心地玩游戏，只有小鑫一个人坐在教室里。以前小朋友们都会叫小鑫一起玩，小鑫也会去，可是每次都是呆呆地站在一旁，后来大家就都不叫他了。

青青是个聪明的孩子，但有一个缺点，无论什么时候出去玩都要家人跟在左右。看到几个小朋友在那里玩沙子，他也很想过去玩，但还是要拉着妈妈的手一块去。

丁丁跟小朋友玩游戏，没一会儿，因为一点小事与小朋友发生冲突，哇哇大哭起来。丁丁就是碰不得一点小事，还没怎么样就大喊大叫，很难和小朋友和平相处。

生活中，这样的画面并不少见。现代社会，独生子女越来越多，孩子拥有的玩具也是琳琅满目，加上生活环境和家庭教育等方面的原因，许多孩子都喜欢独自在家玩，由此造成很多孩子都不合群，不能很好地和其他小朋友相处。

不合群的孩子大体上可以分为两大类：一类表现为沉默寡言、孤僻、害怕陌生人；另一类表现为爱哭闹、爱捣乱、爱逞能、爱惹是生非。

导致孩子不合群的原因有很多，其中很重要的一个原因是家长的教育方式不当。过分溺爱是当前家庭教育中最常见的弊病。不少家长将孩子当成“小皇帝”、“小公主”，这容易让孩子一切以自我为中心，不愿服从别人。这些孩子进入学校后，往往不愿服从同学的意愿，一旦同学的意愿与自己的相违背，心里就会受不了。家长溺爱孩子，还体现在过分保护和关心孩子，他们不让孩子与其他“坏孩子”来往，事事代为安排，这样教育出来的孩子往往或是急躁、自我控制能力差，或是胆小、懦弱，不受同伴欢迎。

另外，家长过度赏识也会导致孩子不合群。现在一些家长特别注重夸奖自己的孩子，有时候夸奖过度，一些自尊心较强的孩子就会产生骄傲自满的情绪。看不起其他小朋友，时间久了，便很难融入同学之间，即便勉强在一起，也常常是不欢而散。

孩子不合群不仅会让孩子错过与小朋友一起嬉笑玩耍的快乐，还会严重影响到孩子的进取心，甚至损害孩子的身心健康。不合群的孩子，心理承受能力往往比较差，一旦遇到困难或遭受挫折，就很难控制自己的情绪，进而影响到自己的学习、生活以及未来的长远发展。因此，孩子不合群应该引起家长的足够重视。

为了帮助不合群的孩子融入集体，建立起良好的人际关系，家长可以多注意以下几个方面。

1.为孩子创造一个良好的家庭环境

要让孩子合群，家长就应该以身作则，为孩子创造一个良好的家庭环境。和谐的家庭氛围应该是大人关心孩子，子女关心长辈，一家人互相关心、体谅，温馨和睦，而不是以孩子为中心，处处围着孩子转，让孩子凌驾于家长之上。另外，家长也要教育孩子，切忌随意训斥、打骂孩子。只有在互敬互爱的环境中成长起来的孩子，才可能形成合群的性格。

2.让孩子与小朋友一起玩耍

从小在成人的环境中长大，缺乏与同伴游戏的机会，这很容易使孩子养成不合群的性格。因此，孩子3岁以后，有条件的话，家长应把他送到幼儿园，让他过一段集体生活，这对防止孩子产生孤僻、不合群的性格是很有益的。没条件上幼儿园的孩子，家长也应为他创造与同伴游戏的机会，鼓励他与邻居小朋友一起玩耍。

3.让孩子的小伙伴到家中游戏

家长应允许孩子邀请小伙伴到家中玩耍，并鼓励孩子热情接待，如让孩子将玩具拿给小伙伴玩，把好吃的东西分给小伙伴吃等。家长要尊重孩子的朋友，不要给孩子太多的限制，多给孩子一些空间。比如，如果发现孩子们不太安静，搞得家中很乱，家长也不要发脾气，而应迂回地指示或与他们商量，可以温和地对孩子们说："孩子们，咱们的游戏是否可以先告一段落，大家动手整理一下屋子，喝点水，休息一会儿再玩好吗？"这样既能起到改善环境的作用，又很亲切，不会给孩子兴致勃勃的情绪泼冷水，同时还能教会他们如何遵守规范。

4.让孩子加入集体生活

从小生活在同龄人的集体中，孩子会逐步学会怎么生活，怎么与他人相处，怎么玩耍。有的家长生怕自己的孩子会在集体生活中吃亏，便要求孩子自顾自，不要与其他小朋友来往。这样做表面上似乎是爱孩子，实际上，却是使孩子无法得到集体生活的锻炼，势必会影响孩子的健康成长。

5.强化孩子“接受邀请”的行为

不合群的孩子常常不喜欢接受其他小朋友的邀请。如果家长发现孩子偶尔接受个别小朋友的邀请，即使是很勉强，也要及时给予鼓励，如果发现孩子接受了其他小朋友的邀请，并表示愿意参加，更要大加赞赏，从而强化孩子“接受邀请”的行为，鼓励孩子积极地参加到集体活动中去。

6.提高孩子的能力

有的孩子能力较差，不会与人交往。在游戏中不能与同伴很好地配合，常被同伴拒绝，甚至开除出游戏小组。这种交往中的失败，也是造成孩子不合群的因素之一。因此，家长在教育孩子互相帮助、团结友好的同时，应注意提高孩子的能力，帮助他掌握与同伴交往的方式方法。还应注意，有目的地利用各种机会，锻炼孩子的能力，培养孩子的自信心和活泼开朗的性格。

教子心经

良好的人际交往能力是孩子健康成长和取得成功的必备能力，如果孩子不能正确处理人际交往中的挫折，孩子就有可能失去很多成功的机会。因此，家长应该引导和帮助不合群的孩子融入集体，培养和提高孩子的交际能力，为孩子将来的发展打下良好的基础。

提高孩子的社会适应能力

社会适应能力是指人适应外界环境的能力，也就是说个体对其周围的自然环境和社会需要的应付和适应能力。

随着物质生活条件的不断改善，很多家长都形成了“再苦不能苦孩子”的教育理念，家长不希望孩子像自己一样吃苦，对孩子百般照顾、溺爱；孩子只顾好好念书，很少在生活中历练，更缺乏协助家长劳动的经验。孩子活在脱离生活现实的不利环境中，长大之后，就可能无法面对现实，不肯吃苦。孩子没有养成负责的习惯，欠缺坚持和忍耐的毅力，待人接物和基本的处世能力也显得不足。

社会适应能力不足会影响到孩子将来的工作，阻碍良好人际关系的建立和发展，妨害情绪生活，甚至造成边缘人格，不断产生偏差行为。欠缺实际生活历练，加上看电视和上网时间过长，容易促成虚拟人格特质，使孩子缺乏现实生活的本事。

可见，社会适应能力是孩子走向成功的一个重要因素。社会适应能力的强弱关系到孩子科学文化知识和技能发挥的程度，社会适应能力的强弱直接影响着孩子的人气。因此，从小培养孩子的社会适应能力有利于孩子个性的形成和完善，有利于提高孩子的逆商，也有利于孩子的长远发展。

要想不断提高孩子的社会适应能力，家长可以从以下几个方面努力。

1.培养孩子的生活自理能力

只有具有良好生活自理能力的人，才能合理地安排好自己的每一天，协调的个人生活能减少孩子的孤独感，快速地适应新环境。

2.帮孩子树立自信心

帮助孩子树立自信心很重要，家长可以向孩子灌输这样的思想——也许他并不是最好的，但绝对是唯一的，每个人都拥有其他人无法比拟的优点，没有必要为一时的不如意就妄自菲薄，认为自己一无是处。

3.督促孩子多学知识

家长平时就要让孩子多看书，多掌握各种知识，只有这样，孩子才能适应快速变迁和知识爆炸的现代社会，才能跟上时代的步伐，从而更容易胜任新环境提出的新要求。

4.培养孩子的优秀品质

一个适应能力强的人，必然是品德、健康和才能的结合体。教育孩子不仅要发展他的智力，还应培养他的优良品德。正如智力的培养需要从孩子一出生就开始一样，孩子的优秀品德也必须从摇篮时期就开始熏陶，越早越好。一位教育专家认为："孩子的道德教育应从摇篮时期开始，因为当今社会所缺乏的不是头脑而是品德。"

5.培养孩子的交往能力

美国心理学家劳伦斯·哈特在对一些孩子进行了长达10年的跟踪调查后，得出这样的结论：那些善于与人交往的孩子通常智商较高，往往比较聪明活泼，而且上学以后学习成绩一般都比较好，对知识的吸收能力也较强，可以从其他人那里学到多方面的知识。同时，一个开朗、乐于与人相处的孩子也更容易受到同伴的欢迎和成人的喜欢，更容易适应新的环境。

6.让孩子具有幽默感

幽默是一种特殊的情绪表现。幽默对孩子适应环境有着重要的作用，一方面，幽默可以松弛紧张的神经，淡化消极的情绪，消除沮丧和痛苦，使不良情绪得到正常发泄；另一方面，幽默还可以缓解紧张的人际关系，轻松化解人与人之间的矛盾冲突，帮助孩子赢得周围人的欢迎和喜爱。

7.放心让孩子自己去实践

父母应该多给孩子提供实践的机会，这对提高孩子的社会适应能力尤其重要。因为，孩子通过实践努力掌握的知识，是进一步掌握更多知识的基础。家长要放心让孩子自己去实践，并对他的成功及时予以鼓励，增强孩子的信心，让孩子不断地去探索、去实践，从而更多更好地获得知识。孩子在实践中遇到问题时，家长也应该耐心地给予纠正，千万不要说损伤孩子自尊心的话。

社会适应能力决定一个人的幸福和工作上的表现，它是一个人生涯的主轴，而且具有一贯性，影响人的一生。如果孩子的生活适应能力没有得到应有的发展，往后各阶段的发展，都将受到干扰。

孩子的社会适应能力，不是用严管勤教能教得出来的，它需要家长的创意，在生活中随时指导，将毅力、明理、责任和待人接物的规范，化为习惯与美德，才能培育出来。

教子心经

孩子总有一天会走出家门，迈进校园，走向社会，他必须学会与他人共同生活、学习及工作，必须要努力适应不断变化的环境，孩子社会适应能力的好坏会直接影响着孩子今后的发展。因此，父母应该从小培养孩子的社会适应能力，并在实践中不断提高孩子的社会适应能力，让孩子学会适应环境，学会适应他人，建立起良好的人际关系。

第八章 摆脱挫折，让孩子体验成功

成功体验能增强孩子的自信心，激起孩子的斗志，让孩子更好地去战胜困难和挫折，更大限度地激发孩子的潜能。父母要多给孩子一些鼓励和赞赏，多给孩子创造一些机会，让孩子多一些成功的体验，从而帮助孩子实现战胜困难、超越自我的良性循环。

加强孩子的成功体验

社会心理学中有一个著名的“马太效应”，说的是，任何个人、群体或地区，一旦在某一方面（如金钱、名誉、地位等）获得成功和进步，就会产生一种积累优势，就会有更多的机会取得更大的成功和进步。成功体验是一个人的心理财富，具备这种财富的人往往会变得自信而坚毅，因此也更容易取得成功。

对孩子来说，成功的快乐是一种巨大的鼓励，成功的积极体验会增强孩子的学习动机，激发孩子再尝试的欲望。许多孩子在出现一个明显的转折点后，常常是各方面突飞猛进，一发而不可收。就是因为成功体验的正性强化作用，使他们走上了战胜困难，超越自我的良性循环。

小杰以前不喜欢画画，一次和妈妈出去游玩回来后，一时兴起，画了满纸的绿色。画完后，他越看越觉得好看，就高兴地拿给妈妈看，妈妈问他：“你画的是什么呀？”小杰认真地回答说：“是我们春游的公园呀！”妈妈不解地问：“公园怎么会是这样的呢？”“公园里有许多树，还有小草，到处都是绿绿的，所以我把他们都涂成了绿色。”妈妈想了想，觉得孩子说得很有道理，她又仔细看了看孩子的画，发现涂色方面比以前均匀多了。于是妈妈开口夸奖道：“小杰观察得很仔细，这张画画得很好，明天你拿给老师看看吧！别忘了把你的想法也告诉她！”小杰听了高兴极了，小心翼翼地把画放进了书包。

第二天放学回家后，小杰兴奋地对妈妈说：“妈妈，老师今天表扬我了，说我画得真棒！”从那以后，小杰渐渐喜欢上了绘画，每天都要动手画上几笔。一段时间后，妈妈发现小杰进步了不少，有好几次，老师还当着全班同学的面表扬了他，并把他的画贴在了班级的宣传栏里。

是妈妈和老师的表扬，促使了小杰的变化。准确地说，是受到表扬后那份成功的体验给了他信心，成了他要求上进的动力。

一位心理学家曾说：“孩子在学习过程中是否体验过成功的喜悦，直接影响孩子学习的动力和一生的情感发展。”孩子的成长时期正是各种能力发展的时期，自信与成功相伴，自卑与失败相依。成功，是孩子成长过程中不可缺少的体验。因此，父母要努力为孩子们创设“成功”的机会，让孩子积极地争取成功，体验成功。

1. 营造充满赏识的家庭氛围

赏识在教育中意义重大，因为，赏识紧紧抓住了情感因素，使人产生愉快的感觉，由外到内的正向激励能满足孩子内心的积极因素，形成肯定自我的意识。这种肯定自我的多次沉淀，就会积累孩子的成功感，打下自信的基础，不断走向成功。父母可以通过丰富家庭生活的方式，创设多种赏识情境，帮助孩子树立信心，让孩子在赏识中进步。

比如，利用周末，在家组织联欢会，由孩子来策划和主持，可以是唱歌跳舞，也可以是诗歌朗诵，还可以是知识抢答等，形式不重要，重要的是要给孩子提供一个展现自我的舞台，给孩子表扬的空间，也给孩子创造体验成功的机会。

2. 换位思考，让孩子量力而行

量力而行是家长给孩子制定发展目标的一条最重要的原则，因为只有这样才能使孩子更容易能体验到成功感。而有的家长往往忽视这一点，喜欢用家长的眼光去评价孩子的表现，给孩子提过高的要求，不考虑孩子的接受和承受能力。这样只会让孩子整天处在“高压”的状态下，进而引发孩子的厌烦情绪，最终很可能让孩子失去学习的兴趣，甚至让孩子彻底丧失上进心。

父母要学会换位思考，多站在孩子的发展水平上去帮助他制定发展的目标，去评价他的所付出的努力和取得的成绩。

3.帮助孩子建立成功档案

每当孩子有所进步或取得成绩时，父母要善于替孩子“保管”这些好的记录，这是他们成长的见证，在关键的时候还会起到激励孩子的作用。当孩子在生活和学习中遇到困难，灰心丧气时，父母就可以拿出孩子的成功档案，唤起孩子的成功意识，从而增强孩子战胜挫折的勇气和信心。

初二的时候，小敏开始接触物理。一直以来，小敏的成绩都很好，可是不知道为什么，小敏的物理成绩总是提不上去，每次考试都因为物理拉分。这次期中考试，小敏的物理又不及格，她很难过，有些灰心了。看到她垂头丧气的样子，爸爸妈妈从屋子里拿出一个小箱子。小敏打开来一看，里面装着的全是她以前所获得的各种奖状、荣誉证书及每次取得成绩时爸爸妈妈给她的奖励。箱子里还有一本笔记本，那上面都是她每一次成功后记下的取得成绩的过程以及成功后的心得体会。小敏看着自己曾经取得的成绩，心里又充满了斗志，又有了争取成功的信心。在爸爸妈妈的帮助下，她认真分析了自己的问题，并制定了学习目标和相应的学习计划。一段时间后，小敏的物理成绩有了很大的提高。

父母要帮助孩子建立成功档案，因为，每一份成功记录都是孩子付出努力的见证，它对孩子的激励作用远远胜过一些空泛的赞美。当然，父母也要要注意不能让孩子因为这些过去的成功而盲目自信，要时刻注意不要让孩子产生骄傲自满的情绪。

教子心经

缺乏成功感的体验，孩子就容易形成被动、自卑等不良行为习惯和心理，对生活和学习就会缺乏主动性和挑战性。家长要多赞赏孩子，多给孩子创造成功的机会，增强孩子的成功体验。因为，成功体验能增强孩子的自信心，能让孩子更好地去战胜困难和挫折，更大限度地激发他自身的潜能。

提高孩子的学习成绩

对不少孩子来说，成长中的很大一部分挫折都来自于学习，有的孩子甚至因此而产生厌学情绪。家长们为了提高孩子的学习成绩，用了很多办法，诸如延长学习时间，亲自陪读外请家教，增加营养，钱物诱惑等。可是，家长的这些做法，往往收效甚微。时间长了，家长因为着急有了埋怨，而孩子因为家长的埋怨更加受挫，对学习的兴趣和信心越来越差，就此陷入一种恶性循环。

对孩子来说，学习始终是一件很重要的事，是孩子成长中的一个主要任务。孩子能否正确对待学习中遇到的困难和挫折，直接决定着孩子的学习态度和学习效果。因此，提高孩子的逆商，增强孩子对挫折的承受能力和应对能力，对提高孩子的学习成绩尤为重要。

要提高孩子的学习成绩，家长就要首先认清一个事实：学习始终是孩子的事，任何一种漠视孩子意愿的主观上的包办代替或强迫性做法都是不理智的。只有帮助孩子转变学习观念，把“要我学”转变成“我要学”，变被动为主动，变消极为积极，才能让孩子进行创造性的学习，从而提高孩子的学习效率，增强孩子的自信心。

1.因势利导，培养孩子的学习兴趣

爱因斯坦曾说："兴趣是最好的老师。"要提高孩子的学习成绩，首先需要激起孩子对学习的兴趣。培养孩子的学习兴趣要因势利导，因材施教，而不能不顾孩子的意愿，强迫孩子去上各种兴趣班，让他去学习自己不感兴趣的东西。

儿子不爱学习，这让父亲很头疼。这天，父亲竟然看到儿子在书房看书，而且一看就是两个多小时，这个发现让父亲激动不已。可是当他按捺不住好奇走上前去查看时，才发现儿子手里的不是课本，而是从他书架拿下来的一本研究古币的书。看到儿子对古币这么感兴趣，父亲便给儿子讲了不少相关的知识，还在儿子生日的时候，给他送了一套古币。没多久，父亲发现儿子竟把越来越多的精力花在了学习上，学习成绩有了很大的提高，儿子还告诉他要考大学，去研究古币。一年后，儿子以优异的成绩考上了重点大学的历史系。

每个孩子都会有自己感兴趣的事物，父母要善于发现孩子的兴趣，找到与学习的连接点，从而引导孩子将兴趣转移到学习上来。父母还可以鼓励孩子给家长当老师，主动向孩子请教，这对提高孩子的学习兴趣，增强孩子的成功体验，也是很有帮助的。

2.培养孩子的专注力及良好的学习习惯

有句名言说："播种一种行为，收获一种习惯；播种一种习惯，收获一种性格；播种一种性格，收获一种命运。"孩子成绩的好坏取决于孩子的学习习惯，而良好学习习惯的养成很大程度上取决于家长的教育和引导。

在平时的生活中，家长就应该注意培养孩子的独立性，让孩子自己动手去做他可以和应该做的事，而不要包办替代。在孩子完成任务的过程中，家长也应该给孩子时间和空间，而不要随意地进行干涉。这样，孩子就能逐渐养成独立的性格，在做事情的时候，也才能专心投入。这些良好的习惯能帮助孩子有效地提高学习成绩。

3.多赞赏和鼓励孩子

日本有句格言："如果给猪戴高帽，猪也会爬树。"这句话听起来似乎有些不雅，但却说明了一个道理，当一个人得到他人认可、赞赏和鼓励的时候，他就会产生一种发挥更大潜能的欲望和力量。

父母要多赞赏和鼓励孩子，因为赞赏能给孩子一个愉悦的心情，鼓励则能增加孩子挑战困难的信心和勇气。专家指出："愉悦的心情能大大提高孩子的学习效率，因为孩子在心情愉悦时，最容易接受外界的信息；而强烈的自信则最容易萌发创造的激情，孩子生活和学习上的困难也最容易在这时被一一克服。"

当孩子在学习上遇到困难时，父母要耐心地进行引导和帮助，而不能动不动就训斥孩子："你怎么这么笨？"、"你看人家学得多好！"、"我小时候比你强多了！"，这样的话不仅会挫伤孩子学习的积极性，还会严重损害孩子的自尊心。

家长要多和孩子沟通，了解孩子的学习困难，安抚孩子的情绪，然后帮助孩子寻找挫折产生的原因，并一起制订计划，一步步解决问题。当孩子取得进步时，父母要及时地进行表扬，加强孩子的成功体验，从而增强孩子的自信心。

4.用孩子的成功经历来激励孩子

每个孩子都一定有自己的一些成功经历，用孩子的亲身经历，最能向孩子证明，他有足够的潜力可以挖掘，只要他愿意努力，就一定能取得更大的成功。父母可以帮助孩子建立一个成功档案，在孩子遭遇挫折时，拿出来激励孩子，从而激发孩子的斗志和信心。

教子心经

父母要帮助孩子转变学习的观念，鼓励孩子正视学习中的困难和挫折，帮助孩子培养学习兴趣，让孩子变被动为主动。家长要多给孩子一些赞赏和鼓励，少给孩子一些批评和斥责，多创造机会让孩子体验到学习的成就感，增强孩子的成功体验，树立孩子的自信心，从而更有效地提高孩子的学习成绩。

让孩子集中精力做好一件事

儿童教育专家认为，孩子只有先形成一种专心的习惯，才有可能在今后对自己的事业全身心投入，不会被其他事情所干扰。然而，现实生活中，孩子们的表现却往往不尽如人意。很多父母都遇到过这样一个问题：自己家孩子很聪明，就是做起事来没有耐性——刚玩积木不到几分钟，又去玩电子游戏；画画才学两天，就扔下画笔闹着要学钢琴；钢琴买了，老师也请了，他却说弹吉他的哥哥很酷，想学吉他……

孩子这样整天漫不经心，做事全凭一时兴致，总是有头无尾，三天打鱼，两天晒网，对孩子的学习和成长是极为不利的。孩子一旦养成了三心二意的坏习惯，就没办法集中精力做事，遇到困难就想放弃，将来只能一事无成。

那么，家长应该怎样来培养孩子的专注力呢？

1.要求孩子在规定的时间内完成作业

一般来说，老师要求孩子在一定时间内完成的作业，只要孩子集中精力，他就可以在规定的时间内完成。因此，家长不妨用“作业”来培养孩子的专注精神，如家长做孩子的“家庭老师”，为孩子完成作业规定一个时间。

研究表明，不同年龄孩子的注意力稳定时间是不一样的，5至10岁的孩子能集中注意力达20分钟；10至12岁的孩子能集中25分钟；12岁以上的孩子可以集中半小时以上。父母要根据孩子的年龄特点，要求他在相应的时间内集中注意力，力争保质保量地完成作业。

如果孩子的作业比较多，完成作业所需的时间超过了他注意力稳定的时间，父母就要帮助孩子把作业分成小块，让孩子一部分一部分地来完成。这样不仅有利于集中孩子的注意力，而且能够使孩子的学习张弛有度，提高学习效率。

研究还表明，开始学习的前几分钟，一般效率较低，随后上升，15分钟后达到顶点。根据这一规律，家长可建议孩子先做一些较为容易的作业，在注意力最集中的时间做较复杂的作业。

2.营造一个有利于集中注意力的家庭环境

家长要为孩子营造一个有利于集中注意力的家庭环境，特别是孩子在专心做一件事情的时候。比如，孩子在学习时，书桌上就只能放有书本等相应的学习用品，不可摆放玩具、食品；给孩子准备的文具要简洁，功能单一，避免孩子把文具当玩具来玩；孩子的书房也要收拾得简洁明快，孩子学习的时候，应尽量不开电视，或是把音量调低，父母也尽可能不在孩子学习时进进出出，大声干扰。此外，室内的光线也是一个容易被忽视的环节，光线柔和适度有助于孩子集中注意力。

3.要求孩子每次只做好一件事情

孩子学习、做事情最大的“敌人”就是注意力涣散，如果孩子做着语文作业还想着那道解不开的数学题、画着画还想着他的手工小制作……那么，孩子不但什么事情也做不好，而且还会养成三心二意的坏毛病。因此，家长要告诉孩子，不管面临多么多的任务，要想做得最好，最聪明的做法就是：每次只想、只做一件事情。

为了让孩子养成专注的好习惯，家长可以故意给孩子很多任务，让他去完成，然后在他做得一塌糊涂的情况下，再告诉他，每次专注做好一件事情才是捷径。这样，孩子就能深刻体会到专注的重要性了。

4.不干扰孩子做好他喜欢做的事情

当孩子专注地做一件事时，父母要学会耐心地等待，让孩子专心地把事情做完，而不应随意干扰孩子。因为，让孩子在兴趣的指引下专注地做他自己喜欢做的事情，也是培养孩子注意力的一个好方法。

5.减少唠叨，让孩子成为时间的主人

父母要尽量减少对孩子唠叨，教给孩子分配时间的方法，让孩子自己安排和管理时间。当孩子自己可以合理安排时间，既能完成任务，又能留出玩耍的时间时，他就会比较有成就感，做事也会更加自信，更加专注。

6.不要剥夺孩子玩耍的时间

爱玩是孩子的天性，当他的天性没有得到满足时，他就很难专注地去做其他事情。父母不应该剥夺孩子玩耍的时间，否则孩子就会慢慢学会有意拖延时间，明明半小时就能完成的任务，非要花上一个半小时甚至两个小时。这对孩子的学习以及习惯的培养都是很不利的。

7.大声读书有利于训练注意力

大声读书有利于训练孩子的注意力。父母可以每天安排一个时间，10到20分钟，让孩子选择他喜欢的小文章大声为父母朗读，这是一个使孩子口、眼、脑相互协调的过程。孩子在读书的过程中，要做到尽量不读错，不读丢，不读断，就需要他的注意力高度集中。这种训练若能长期坚持下去，对培养孩子的专注力是很有帮助的。

教子心经

尼采曾经说过这样一句话：“始终全神专一的人，可免于一切的困窘。”培养孩子的专注，对提高孩子的逆商有很大的帮助。父母要教给孩子一些集中注意力的方法，帮助孩子培养做事专注的习惯。让孩子集中精力做好一件事，可以让孩子很好地集中精力，而且能更好地提高孩子做事的效率，更容易让孩子体验到成功。

鼓励孩子发表自己的看法

随着与自我意识相联系的情绪、情感和道德感的初步萌芽，孩子会因为受到别人的嘲笑而感到不愉快，也会因为自己的行为符合了大人的要求而产生快乐的满足感。这个阶段，父母对待孩子的不正确的态度和语言，更容易让孩子产生心理阴影。

有的父母喜欢打断孩子的谈话，常常否定孩子的看法和意见，还有的父母甚至不允许孩子表达与自己不同的观点和看法。在这样的家庭环境中成长起来的孩子，往往不敢主动表达自己的看法，不敢面对他人、面对挫折，容易产生自卑、胆怯等消极情绪，而且很难恢复。这种不良的经验会跟随孩子一生，影响其今后对他人和对自己的看法，不利于孩子健康人格的形成。

法国教育家洛克曾说：“在让孩子大声说出自己想法的过程中，他们的个性得以张扬，心灵得到了放飞，思想得到了解放，自主意识得到了加强。只要给孩子大声说话的机会，就会还他们以自尊与自信。”可见，鼓励孩子大声说出自己的看法是非常重要的。

孩子敢于大胆表述自己的看法，是一种自信的表现，是一种能力的体现。父母鼓励孩子主动说出内心的想法，可以培养孩子的创造性。另外，鼓励孩子主动说出内心的想法，对发展孩子的独立自主意识也很有帮助。

为了鼓励孩子大胆发表自己的观点和看法，表达自己的意见和建议，父母可以从以下几个方面来帮助孩子。

1.对孩子的话要表示浓厚兴趣

父母要对孩子想说的话表示出很大的兴趣和十分认真的态度，这样会让孩子感觉到父母的关注，与父母产生亲近感，从而更好地开口表达自己。

这天，满满放学回来，一脸难过。妈妈拉着她坐下来，关切地问道："怎么啦？什么事情这么不开心？"满满看着妈妈，委屈地说道："今天放学，跟小雪约好一起回家，可她一转眼就不见了，我等了她好长时间，最后，学校都没人了，我才一个人回来。""那你一定很难过！"妈妈摸摸她的头说道。"嗯，她不该忘记我们的约定，让我呆呆地等了这么长时间，我真伤心！"满满点点头说道。"小雪没和你说就走了，确实有错。不过，她也可能是临时有事也说不定。你明天到学校再问问她，说清楚了就好了。"妈妈耐心地安慰满满。满满点点头，抱着妈妈说："妈妈，你真好！我现在心里舒服多了！"

在倾听孩子谈话的过程中，父母可以多用体态语言来表现自己的兴趣，比如，面带微笑，靠近孩子，拥抱孩子等。父母还要善于运用与孩子产生"共振"的口头语言，如，一边听着孩子讲话，一边深深地点头说"是吗"、"真了不起"、"你一定很难受"等话语，借以表达对孩子的关注。一旦孩子体会到自己讲的话被父母接受了，他就会产生自信，就会有成就感。

2.鼓励和引导孩子发表自己的看法

青青的爸爸是个很民主的人，在家里，他总是鼓励青青大胆说出自己的想法，即使她说得没有道理，爸爸也不会批评她。

周末，爸爸带青青去参观一个书画展，事先爸爸没有告诉青青里面的画全部是一个人的作品。青青在仔细地看完每幅画后，对爸爸说："爸爸，这个画家画得真好！"

爸爸一听很高兴，便问青青："是吗？你怎么觉得它们都是一个画家画的呢？"周围的人一听也看着青青，青青有些迟疑，不过在爸爸鼓励的目光下，青青还是说出了自己的看法："我觉得这些画的风格和作画的技巧都很像。"爸爸点点头，接着问道："那你觉得这些画都好在哪里呢？"青青回答道："这些画的颜色搭配很好看，笔法大胆，意境也很好。"爸爸听后满意地点点头："青青说得很好！观察得很仔细！"青青听了爸爸的夸奖，高兴极了。

有的时候，孩子不敢大胆说出自己的想法，怕说得不恰当，会受到别人的嘲笑和责备。这时候，就需要父母及时地引导和鼓励。父母在平时的生活中，就要多鼓励孩子，哪怕孩子的看法不成熟甚至是错误的，也应该对孩子积极思考的行为进行表扬。这样就能给孩子足够的安全感，让孩子敢于开口表达。

3.多听少说，给孩子话语权

著名心理学家皮亚杰认为，成人与孩子最本质的区别，就是孩子的思维与成人的思维存在质的不同。孩子有自己的思维习惯、方式、逻辑，当成人以自己的思维方法做出结论，而以自己的标准来训斥孩子，这是不尊重孩子，扼杀孩子天性的愚蠢做法。

一天，爸爸妈妈带着久久到小区院里玩。因为小朋友多，大家决定玩开火车的游戏，久久自告奋勇当了火车头。刚开始的时候，大家都玩得很开心，可是没多一会儿，久久突然停下来了，不管大家怎么催促，他都不动。

妈妈走上前去，有些生气地对他说："怎么不动呢？大家都玩得好好的，就你爱捣乱！"久久觉得委屈，眼眶悄悄地红了，但他依旧固执地站着不愿意动。这时候，爸爸走上前来，拍拍他的脑袋问："久久，告诉爸爸，为什么不开了？"久久大声地回答："爸爸，火车没油了！"爸爸听后先是一怔，接着笑了起来，对着久久做了一个加油的动作，然后问他："现在油满了吗？"久久高兴地回答："满了！""那可以开动了吗？"爸爸又问。"可以了！"久久说完又"呜呜"地带着小朋友们跑起来。

当孩子说出的话，做出的举动让父母感到不解时，父母要亲切、平和、耐心地倾听孩子的内心想法，而不要急于判断。只有让孩子感觉到父母对自己的平等和尊重，孩子才能完整地表达自己的想法，父母也才能真正了解孩子的内心世界。

教子心经

父母应该给孩子创造一个宽松的成长环境，鼓励孩子大胆发表自己的看法，培养孩子独立思考的习惯。这样才能使孩子没有压抑，敢于张扬自我，同时也能让孩子学会坦然接受错误和失败，并将其转化为成功的基石，让孩子成为一个"抬起头来走路"的自尊、自信的人。

让孩子大胆地展现自己

在妈妈的影响下，小蕊很小就学会了拉小提琴，十岁的时候，小蕊的小提琴已经拉得很棒了。本以为，有一技之长会给小蕊带来更多的机会，可是小蕊在学校的表现却很让家人担心。

班上同学都知道小蕊会拉小提琴，可是在同学的眼里，小蕊的表现并不好，她很少有勇气主动拿出自己的"绝活"为大家表演，更别说是代表班级在学校演出了。每次老师和班委找到她时，她都会想各种理由推辞，时间一长，老师和同学便不再找她了。每当看到同学们在勇敢地表现自己的才能时，小蕊都有一种跃跃欲试的冲动，可一站起来，她就觉得紧张，又怕自己表现不好，根本没办法让自己静下心来去表演。

生活中，孩子这样的表现让不少家长都感到担心。确实，社会竞争越来越激烈，孩子如果不能正确认识自我，不能很好地展现自我，他就会错过很多的机会。为了让孩子更好地融入集体，为孩子将来走入社会打下良好的基础，家长就应该认识到孩子展现自我的重要性，积极引导和鼓励孩子大胆地展现自己。展现自己是一种社会交往或社会互动的行为，让孩子大胆地展现自己，不仅可以提高孩子的技艺和能力，还能让孩子更加自信。

为了让孩子有勇气大胆地展现自己，家长就应该建立多元的评价体系，多给孩子一些鼓励和赞赏。

1.肯定孩子的优势和独特之处

苏霍姆林斯基说："世界上没有才能的人是没有的，问题在于教育者要去发现每一位学生的禀赋、兴趣、爱好和特长，为他们的表现和发展提供充分的条件和正确的引导。"每个孩子都会有自己的优势和独特之处，父母要用发现和欣赏的眼光去看待孩子。学习是孩子的主要任务，但不是孩子生活的全部，父母除了关心孩子的学习成绩外，还应该关注孩子其他方面的表现，帮助孩子找到他的强势智慧，并引导孩子将其发扬光大。

小惠上幼儿园了，可是她做事情的时候，总是要比别的小朋友慢，吃饭、穿衣、识字等都需要更长的时间。为此，小惠总是喜欢一个人呆呆地坐在教室里，不敢和小朋友们一起玩。老师和家长都很担心她。

一个周末，妈妈在家打扫，小惠坐在沙发上看电视。看完后，小惠眼圈红红地走到妈妈跟前，对妈妈说："妈妈，那只小白兔好可怜啊！"妈妈听后随口问了两句："小白兔怎么了？小惠为什么会觉得它可怜呢？"没想到小惠竟然绘声绘色地给妈妈讲起了刚刚看的动画片，不仅逻辑清楚，情节完整，还加上了不少生动的表情和动作。原来小惠的表达能力这么好，可以把故事讲得这么好听。这个发现让妈妈惊喜不已，她决定从这方面入手，一点点培养起小惠的自信心。

那天以后，妈妈给小惠买来好多的故事书，小惠识字慢，爸爸妈妈就一遍遍耐心地教她。等小惠熟悉了故事后，就让她给爸爸妈妈讲出来。小惠不仅能很快记住故事情节，还能根据故事书上的插图自编故事。渐渐地，小惠开始主动要求给爸爸妈妈表演节目了，于是妈妈联系到了幼儿园的老师，希望她能帮助小惠，多给小惠一些表演的空间。

在老师的鼓励和帮助下，小惠终于勇敢地站上了讲台。刚开始的几次，她有些紧张，可是她在同学们的掌声中逐渐找到了自信，讲得越来越好了。同学们也越来越喜欢她，一下课就缠着她讲故事。在建立自信的同时，小惠读了很多的书，原本的识字困难对她来说已经不再是问题了。

2. 多给孩子展现自我的机会

家是孩子成长的重要场所，要让孩子大胆地展现自己，父母就要为孩子创造展现的机会与舞台，多给孩子一些锻炼的机会。

小薇的理想就是要做一名出色的主持人，为了鼓励她积极努力实现自己的理想，父母决定给她创造机会和条件。每周末，父母都会带小薇回姥姥家，姥姥家人多，父母就鼓励小薇组织策划一个集体活动，从主题、人选到节目以及策划都由她一手负责。小薇高兴极了，每周五都会公布一个活动方案，或者是诗歌朗诵，或者是歌舞大赛，甚至是吃水果比赛等，然后就去鼓励家人都踊跃报名参加。大家也都积极配合，因此，每个周六的晚上，小薇都能过足当主持人的瘾。家人的支持和鼓励，给了小薇很大的信心，她参加了学校的话剧社，经常和别的学校联谊，主持了很多有意思的活动，还获得过校园“十佳主持人”的称号。

其实，爱表演也是孩子的天性，只是他们还需要一点外力的推动和帮助。因此，父母要多给孩子提供机会，给孩子表演的舞台，引导并帮助孩子不断地练习提高，让孩子可以大胆地展现自己。

3. 创造多元评价机制与舞台

除了学习这个展现的舞台以外，父母应该积极地为孩子创造更多地展现自己才能与潜力的舞台。比如，鼓励内向的孩子在文艺方面多展现自我，鼓励活泼好动的孩子在运动场上多多表现等。父母不应该以单一的标准来评价孩子，而要用全面和发展的眼光来看待孩子，多鼓励孩子，多给孩子一些耐心。只有这样，才能更好地挖掘孩子的潜力，才能让孩子更好地展现自我，孩子有了成功的体验，自然而然就变得自信和勇敢了。

教子心经

敢于展现自我的孩子，在面对挫折和困难时，往往会表现得更勇敢。每一个孩子都一定有他值得称赞的特质，父母只要用心去观察，就一定能发现。多给孩子一些耐心，多给孩子一些展现自我的平台和空间，多给孩子一些掌声，孩子就一定能变得更加自信和勇敢。

培养孩子的领导意识

多数父母对于孩子的领导意识并不重视，甚至忽视。有的家长可能会说："我又不希望我的孩子将来当大官，培养孩子的领导意识有什么用呢？"其实，家长这样的理解是不全面的。并不是只有做官才需要领导素质，做好每一件事也都需要。因为，领导素质不仅包括服务精神、人际关系、团队精神、决策能力、发现问题和解决问题的能力，还包括创新能力、容忍意识、社交能力、自信心、大局观等方面的内容，这些都是孩子成长和成才过程必须具备的素质。

一群女孩在美国华盛顿卡斯德山脉郊游时迷了路，寒冷、潮湿和饥饿使她们绝望。度过一个惊恐之夜后，一个女孩哭着说："大人们不会找到我们了，我们都会死去的。"这时，11岁的埃文托里站了起来，坚定地说："我们不会死！我听大人说，顺着小河川走，就会走到大河，然后就可找到城镇。我们沿着前面的那条小河川向前走，愿意跟着我走的，请跟上！”埃文托里说着就沿着森林深处的一个小河川向前进，其他孩子紧随其后。她们沿着河边灌木丛艰难跋涉，终于听见有人说话的声音，孩子们齐声呼救，被人救出。埃文托里这位充满勇气的孩子使这群孩子脱离了险境。

传统的观点认为，像埃文托里这样的孩子天生就是当领导的料，而其他人命中注定受人指挥。然而，美国权威的教育专家约翰·安德逊对运动员、学生、飞行员、公司经理、政府官员等各行各业的人士进行研究后，得出这样的结论：“世上没有天生的领导者，只有后天造就的领导者。一些组织的领导，社团的负责人、体育代表团的领队，他们的父母往往培养他们坚韧不拔的心理素质和独立思考的能力。这些人在孩提时代就不屈于外来的压力，而坚定自己的信念。”孩子的领导力不是天生的，只要家长能多鼓励和帮助孩子，多给孩子锻炼和尝试的机会，每一个孩子都能成为一个成功的领导者，都能拥有出色的领导和协调能力，从而为自己将来的发展创造良好的条件。

1.父母要多做鼓励者

要让孩子在别的孩子面前勇敢地站出来，并有条不紊地给其他孩子安排任务，组织活动，最重要的一点就是要培养孩子的自信。生活中的那些“孩子王”，几乎都是些活泼好动的孩子，他们对什么事情都充满了好奇，敢于去探索，在探索的过程中“积累”了不少经验和知识，他们对自己的勇气和能力很有信心，也正因为他们的这份神气，让其他的孩子愿意崇拜和亲近，心甘情愿接受他的“领导”。

因此，父母一定要多鼓励孩子，多让孩子去尝试，去做他喜欢做的事情。孩子取得进步时，不论大小，都应该及时进行表扬，提升孩子的成就感。在孩子的成长过程中，多说几句“我相信你”、“你能行”就能很好地帮助孩子树立自信心。

2. 让孩子用心考虑如何取得成功

曾经有一位很有前途的体操运动员向美国权威的心理学家约翰·罗斯蒙多求助。她自己已经掌握了在奥运会上夺得奖牌的所有技能，然而，她却一直未能在奥运会上发挥出应有的水平，奥运会的奖牌自然与她无缘。约翰·罗斯蒙多递给她四只飞镖，让她射到她所在办公桌后面的塑料盘上。她紧张不安地看着约翰·罗斯蒙多，问："如果我没把飞镖扎上去，怎么办？" 这位心理学家从她的这句话，总结出了她一直失利的原因所在——她不是把全部精力放在如何取得成功上，而是在如何避免失败上忧心忡忡。

乐观积极的心态是感受幸福、创造幸福、取得成功的重要条件。父母应该引导孩子多想想如何去取得成功，而不要为成功路上可能会遇到的坎坷过多的担忧。一个优秀的领导一定是善于激励别人的人，而只有那些相信自己能够取得成功，在逆境中游刃有余的人才能做到。

3. 给孩子一个机会

孩子需要机会来展现自我，家长应该多给孩子一个机会，鼓励孩子当领导，在这个过程中，能很好地锻炼孩子的做计划、统筹安排和分工协调的能力，同时还能进一步增强孩子的自信心。

家长可以多鼓励孩子参加集体活动，鼓励孩子在集体活动中担任领导的角色，比如让好动的孩子当个小组长，给小朋友们发画纸、画笔；动作协调能力好的孩子，让他当个领操员，带领小朋友练做操；口语表达能力好的孩子，请他当个小老师，教小朋友念儿歌讲故事等。鼓励孩子在自己擅长的领域，勇敢的站出来，这是增强孩子信心和勇气的最佳途径。

鼓励孩子多问："这件事，如果我去做会怎么样？"让孩子多想，并创造条件帮助孩子把想法付诸实践。这样能够很好地激发孩子的想象力，鼓励孩子积极思考，提高孩子的思维能力和独立解决问题的能力。

教子心经

从小培养孩子的领导意识，不仅可以提高孩子的交际能力、组织能力和创新能力，还能锻炼孩子的胆量，增强孩子的自信。当孩子通过自己的协调和领导，通过与团队的配合，完成了某一项活动或任务时，孩子就能充分地体验到成就感，就能更加的乐观和自信，从而更好地去应对生活、学习中的挫折。

适当给孩子犯错误的机会

犯错误是孩子成长中必经的体验，对于成长中的孩子，父母应该给予他们犯错误的权利。因为，只有不怕犯错，孩子才能勇敢地去尝试，也才会减少孩子的挫败感。

正如发展心理学上所说的那样："孩子小的时候，就像一盘录像带，需要预演与体验所有的情绪（快乐、痛苦、悲伤、骄傲、自满、受挫、爱恨等）与行为，留下适当的印痕，在今后成长的道路上，这些印痕都是可利用的资源。孩子小时候犯一些错误，通过错误来认知与外界或他人的关系，也可以获得对错误的部分免疫。"孩子在不断犯错误，改正错误的过程中，能学到更多的东西，积累更多的经验，这些都能促使孩子不断地走向成熟，迈向成功。

当孩子犯错误时，父母不要着急、气恼，更不要斥责孩子或体罚孩子，而应该及时帮助孩子减压，趁机对孩子进行正面教育，不要让一次错误成为孩子永远的阴影。

乔治·华盛顿小时候住在弗吉尼亚的一个农场上。他的父亲有一个果园，种了各种各样的果树。有一次，父亲从大洋对岸买回一棵品种上佳的樱桃树。他把樱桃树种在果园里，并告诉农场里的所有人要严加看护，不能让任何人碰它。樱桃树的长势很好，春天到来时开满了白色的花。父亲想到用不了多久就可以吃到樱桃，心里非常高兴。

正好，有人送给乔治一把明亮的斧头，他常常拿着它砍树枝，砍篱笆，见什么砍什么。一天，他来到果园边上，想试试斧子是否锋利，于是举起斧子砍向那棵樱桃树。树皮很软，乔治没费多大力气就把树砍倒了。他并没有意识到自己的错误，而是拿着斧子高高兴兴地到别的地方玩去了。

父亲回到果园看到被砍倒的樱桃树，生气极了。乔治回来听说这件事后，来到父亲身边，鼓起勇气对父亲说道："爸爸，是我用斧子砍的。"父亲不可思议地看着自己的儿子，问道："你为什么要这么做呢？现在树就要死了，我们永远也不会吃它的樱桃了。但比这更糟的是，我嘱咐你要看护好这棵树，你却没有做到。"乔治羞愧难当，脸一红，低下头，结结巴巴地说道："当时我正玩，没想到……对不起，爸爸！"

他知道自己犯了大错，忐忑不安地等待着父亲的批评和责罚。没想到，父亲不仅没有责罚他，还对他说了这样一番话："失去樱桃树，我当然很难过，但我同时也很高兴，因为你鼓足勇气向我说了实话。比起一棵枝繁叶茂的樱桃树，我更愿意要一个勇敢诚实的孩子。一定要记住这一点，儿子！"

父亲的宽容让乔治很感动，父亲的表扬和鼓励更是让他牢牢记住了父亲的教诲，他一直像小时候那样勇敢、诚实，也因此赢得了人们的尊敬和爱戴。

这个故事很多人都听过，父亲的教育方式值得每一位家长学习和借鉴。当孩子认识到自己犯错后，孩子的心里也会内疚和自责，这时候，如果父母过于严厉地批评和指责孩子，势必会造成负面的影响，甚至会激起孩子的逆反心理，让事情朝着相反的方向发展。父母正确的做法应该是以下几点。

1.倾听孩子的想法，找到犯错误的原因

孩子犯了错误，父母要先控制好自己的情绪，冷静地听听孩子的想法，了解事情的经过。然后父母可以引导孩子进行思考，帮助孩子找到犯错误的原因。

2.给孩子改正错误的机会

如果孩子是在尝试新事物的过程中犯了错误，父母在帮助孩子找到错误的原因后，应该鼓励孩子再次尝试，让孩子的自信心在不断的尝试中得到保护和增强。如有的孩子主动帮忙做家务，可是因为不小心而摔破了碗。这时，父母不要指责孩子，而应指导孩子如何做可以把碗洗干净又不会摔破，鼓励孩子继续努力。

父母要给孩子犯错误的机会，当孩子主动承认错误时，父母要给予鼓励，并指出错误的危害性，让孩子在鼓励中知错能改。

3.要安抚孩子的情绪

对犯错误的孩子，特别是在尝试过程中犯错误的孩子，父母一定要及时地安抚孩子的情绪，否则可能会给孩子的心灵留下失败的阴影，影响孩子今后的成长和发展。父母可以用名人犯错误的故事，或是借用自己犯错误时的情形，让孩子知道谁都会犯错，并教会孩子改正错误的方法，帮助孩子从失败和错误中走出来，帮助他们找到解决问题的方法和战胜困难的自信。

教子心经

法国作家罗曼·罗兰说："人生应当做点错事。做错事，就是长见识。"任何尝试都有可能犯错，不允许孩子犯错，就是不允许孩子成长。孩子只有在不断地尝试中，才能不断地积累知识和经验，不断体验到成功的喜悦。只有让孩子去尝试，去犯错误，孩子才能减少挫败感，才能更勇敢、更理智地去面对挫折。

教导孩子用理智代替冲动

在非洲草原上，吸血蝙蝠在攻击野马时，常会附在马腿上，用锋利的牙齿极其敏捷地刺破野马的腿，然后用尖尖的嘴吸血。无论野马怎么蹦跳、狂奔，都无法驱逐这种蝙蝠，蝙蝠始终可以从容地吸附在野马身上，直到吸饱吸足，才满意地离开。而野马常常在暴怒、狂奔、流血中无可奈何地死去。动物学家们经过研究发现，吸血蝙蝠所吸的血量是微不足道的，根本不会让野马死去，让野马死亡的真正原因是它暴怒狂奔的性格所致。

我们常说："冲动是魔鬼。"如果孩子也像野马一样冲动，他就不能很好地控制自己的心态，自然也就不能冷静、理智地面对一切，并做出正确的判断。

小飞是个容易冲动的孩子，一件很小的事情都能引起他强烈的情绪反应。小飞这冲动的毛病给他带来了不少的麻烦。在学校里，与同学相处时，一句话不对，小飞就会大声地和对方争吵，甚至还动手打人。时间长了，大家都不愿意跟他玩了，小飞每天都一个人独来独往，变得更加情绪化了。

“急则有失，怒则无智”，容易冲动的孩子，常常会因控制不住自己的情绪而做出错误的判断和决定，把自己陷入麻烦和困境。正因为如此，这样的孩子更容易因为自己的言行，而让自己经历更多的挫折，体会到更多的挫败感。

为了帮助孩子摆脱挫折，家长就要教导孩子，遇事千万别冲动，要用平常的心态、大度的胸怀，理智地去对待各种事情，以便更理智地进行判断，更正确地进行决策。

1.教孩子凡事想一想，再去做

爱冲动的人在行动前常常不假思索，很少考虑行为的结果。为了提高孩子的自我控制能力，父母就要教导孩子，在行动前，多想一想，自己这么做会有什么样的结果，会给自己和他人带来什么样的影响等，让孩子先权衡一下利弊，再去做。

在遇到较强的情绪刺激时，应教孩子强迫自己冷静下来，迅速分析一下事情的前因后果，再采取表达情绪或消除冲动的“缓兵之计”，尽量不要让自己陷入冲动鲁莽、简单轻率的被动局面。比如，当孩子被别人无聊地讽刺、嘲笑时，可以让孩子先离开现场，而不要选择暴跳如雷，反唇相讥；当孩子觉得无法克制自己的某种冲动时，可以让孩子在纸上写下“冷静”、“制怒”、“理智”等词语，对自己进行心理暗示，平复自己激动的情绪等。

父母可以引导孩子多做几次，帮助孩子找到最适合自己的方法。这样，孩子尝到了冷静思考的“甜头”，就会有意识地克制自己的脾气了。

2.让孩子生气时努力转移自己的注意力

人的情绪往往只需要几秒钟、几分钟就可以平息下来。但如果不良情绪不能及时转移，就会更加强烈。根据现代生理学的研究，人在遇到不满、恼怒、伤心的事情时，会将不愉快的信息传入大脑，逐渐形成神经系统的暂时性联系，形成一个优势中心，而且越想越巩固，日益加重；如果马上转移，想高兴的事，向大脑传送愉快的信息，争取建立愉快的兴奋中心，就会有效地抵御、避免不良情绪。

因此，父母要教会孩子，当他察觉到自己的情绪非常激动，眼看就要无法控制时，可以采取暗示、转移注意力等方法来实现自我放松，鼓励自己克制冲动。比如，不断地对自己说诸如“不要做冲动的牺牲品”，“过一会儿再来应付这件事，没什么大不了的”等话语对自己进行暗示，或转而去做一些简单的事情，或去一个安静平和的环境，这些都是很有效的方法。

3.让孩子学会换位思考

心理学研究表明，冲动型性格的人往往自我中心化倾向较强，他们更多的是站在自己的角度，而不是他人的角度来考虑问题，只根据自己的意愿行动，而很少考虑他人。因此，为了帮助孩子克服这种弱点，父母就应该有意识地培养和提高孩子的移情能力，提高孩子对他人情绪、情感的敏感性。孩子只有学会换位思考，学会站在他人的角度，感受和理解自身行为对他人所造成的影响，才能有意识地控制和调整自己的行为，从而提高自我控制的能力。

4.冷静后，引导孩子思考有没有更好的解决方法

在遇到问题、冲突、矛盾和不顺心的事时，不能一味地逃避，还必须让孩子学会处理矛盾的方法，以便再遇到类似情况时，孩子可以更快更好地加以解决。如果孩子一时冲动犯下了错误，父母就应该在孩子冷静后，及时引导孩子，冲突的原因是什么，双方分歧的关键在哪里，解决问题的方式可以有哪些，哪些解决方式是双方都能接受的。然后，让孩子找出最佳的解决方

式，并采取行动。

教子心经

孩子容易冲动，就有可能常常把自己陷入麻烦和困境。冲动的孩子，在成长的过程中，也更容易遭受挫折，体会到更多的挫败感。为了帮助孩子摆脱挫折，家长就要教导孩子凡事多想想，帮助孩子找到有效控制情绪的方法，让他可以及时地克制自己的不良情绪。

培养孩子的交际能力

卡耐基通过调查研究指出：“一个人的成功，专业知识所起的作用是15%，而交际能力却占85%。”可见，交际能力是每一个人在自身发展过程中不可缺少的一种重要能力。然而，在我们的身边却有不少的孩子不善交际，不会交际，甚至害怕交际。有的到了成年，还视交际如险滩。

人际交往对孩子的性格形成有着重要作用。专家指出：人际交往在孩子们的成长中占据着重要的地位，尤其是“关键期”——孩子的少年时代，亲子关系、师生关系、同学关系的紧张与疏离，都会直接影响到孩子性格的发展和品质的形成。心理学家通过广泛调查发现，良好的人际关系还能提升人们对幸福的感受能力，增强人们的幸福感。

交往能力强，对孩子来说有百利而无一害。善于与他人交往的孩子，不仅能够从容地与同龄人交往，而且能够从容与老师、长辈等成人交往。这样的孩子，一般都开朗乐观，遇到困难和挫折时，也会显得更加积极主动，对挫折的承受能力也比一般的孩子要强。

孩子的交际能力是可以培养的，而且应该从小培养。具体来说，家长可以从以下几个方面帮助孩子培养交际能力。

1.为孩子创设开放的交往环境

为了激起孩子的交往兴趣和欲望，父母就要为孩子创设开放的交往环境。比如，父母可以鼓励孩子去和同龄人聊天、游戏、出游，而不要总是把孩子锁在“学习”的空间中；父母可以让孩子多和同学交流，让孩子带同伴到家里玩，不要对孩子的活动做过多的限制；父母还可以带孩子去邻居或亲戚家里串门，让孩子学习做客人应有的礼貌，取得良好的社交经验等。

2.让孩子单独去购买东西

父母不要总是让孩子待在家里，而是要有意识地让孩子走出家门。比如，让孩子单独去买一些油盐酱醋，这样孩子就会和外界有所接触，慢慢也会懂得如何和别人打交道。让孩子单独去购买东西，也有利于丰富孩子的交际对象，可以加深孩子对他人的了解和认识，从而提高自己的交际能力。由于缺乏经验，孩子在刚开始可能会出现一些差错，对此，父母不要过多指责，以免影响他的交际信心。

3.有意识地让孩子独自做客或接待客人

父母可以有意识地让孩子独自到同学或邻居家去串门，到亲戚家去做客，这都是锻炼孩子交际能力的机会。串门做客，需要寒暄和问候，也需要交谈和有关礼物的收送。与父母一起去，孩子是附带的，不用应付，没有压力，应酬的主角是父母。让孩子一个人去，孩子成了主角，与对方的一切接触都得由自己来应酬，这无疑把孩子推到了前线，促使其考虑如何交际。如果家里来了客人，有时不妨让孩子去接待，特别是与孩子年龄相仿的客人或朋友，家长千万不要包办替代。

4.经常与孩子一道外出旅游

父母可以利用节假日与孩子一起走出家门，走向社会，走向大自然，让孩子在增长见识、陶冶性情的同时，提高他自己的交际能力。因为旅游是一种开放性活动，交际也是开放性的，两者是相通的。在旅途中，买车票、找旅馆、进饭店、购门票等都需要与人接触和交谈，家长可以有意识地让孩子去做这些事。这样，孩子就可以直接接触到一些新的对象，了解新的交际内容，旅游结束，孩子的见识广了，谈资多了，又给孩子以后的交际增加了新的话题。

5.鼓励孩子参加各种体育活动

体育是一种直接与人正面接触和竞争的群体活动。不论是棋类还是球类，不论是田赛还是径赛，它总是要有两个以上的人参与才有意义。更重要的是，体育活动不但需要智慧和力量，而且需要胆量。胆量，正是人际交往所必需的一种要素。鼓励孩子经常参加各种体育活动，既有利于提高孩子的身体素质，有利于培养兴趣，也有利于提高交往能力。孩子一旦爱上体育，就会主动寻找对手，这种寻找，就是交际。合适的对手，往往就是友谊的伙伴。

6.让孩子掌握交往的技能

父母要教会孩子一些基本的社交礼仪和技能，帮助孩子更快更好地打开社交局面。这主要从礼貌、交谈、合作和仪表修饰等方面进行教育。比如，教育孩子面带微笑，主动向别人问好，用商量的口吻与别人说话，生活中要正确使用礼貌用语；教孩子主动热情地把自己的玩具给小伙伴玩，相互拉拉手表示友好；培养孩子的同情心，对别人的正当请求和困难提供帮助；教给孩子一些交谈的技巧，让孩子学会倾听，学会换位思考等。

教子心经

从小注重培养孩子的交际能力，鼓励孩子积极主动地与他人交往，对提高孩子的逆商很有帮助。因为，孩子在与人交往的过程中，不仅能获得友谊，各方面的能力也会得到锻炼和提高，对挫折的承受能力和应对能力也会不断增强。

帮助孩子走出失败的阴影

当孩子经历了一些挫折和失败之后，可能就会因此而产生一种消极的意识，并对挫折产生一种畏惧感，一旦孩子再次面对挫折的时候，在心理上就会产生一种“自我挫败感”。

自我挫败感是指，当孩子在准备去做某件事情之前，自己就会设想许多可能的困难和障碍，并且被其吓倒，从而就产生了忧虑和恐惧，认为自己必然会失败。既然失败是必然的，也就不想面对这件事情，于是就会选择回避。

这样的心理对孩子的成长是很不利的，孩子会因此变得脆弱，不敢去尝试，凡事犹豫就会错过很多成长的机会。要提高孩子的逆商，父母就一定要想办法帮助孩子克服困难，走出误区，走出失败的阴影，重新找回面对挫折的勇气和战胜困难的信心。

1.让孩子正确地接受自我

当一个人屡屡遭受失败和挫折时，他就会怀疑自己的能力，难以自拔，产生自卑的心理。因此，父母要认真考虑自己孩子的能力，提出适当要求，使孩子看到自己的能力。

许多不能接受自我的孩子，常常由于对自身的某个方面不满意，拒绝承认自己的本来面目。比如，因为怕“丑”而竭力装扮或伪装自己。虽然这并非有意，但却会给孩子带来沉重的心理负担。“金无足赤，人无完人”，父母要引导孩子认识到，没有人是十全十美的，每个人都会有自己的缺点和不足，只要自己有信心，愿意去努力，就一定能去弥补自身的缺陷和不足，最终实现自己的目标和理想。

2.让孩子学会适当地要求自己

有目标才会有动力，但是如果目标设定得太高，无论孩子怎么努力都无法达到，多次失败的体验就会让孩子失去信心，产生挫败感。因此，要帮助孩子走出失败的阴影，家长首先要让孩子学会正确认识和评价自己，给自己确定切合实际的目标，适当地要求自己。

父母可以让孩子把自己的优缺点都列在纸上，父母也可提出自己的看法，这样可以帮助孩子对自己进行全面的分析。父母应该让孩子知道，一个人的挫败感和他自身的期望程度有着很大的关系，如果事前期望过高，事情不理想的话，他的失望也会越大。因此，不管做什么事情，都要给自己定一个适宜的标准，然后尽力去做，不要太过急功近利。这样一来，心态就会变得平和，就不会有那么大的压力，而且就算失败了，孩子也不会太过失望，挫败感也就不会太强烈，对孩子的伤害相对就会少些。

3.不要让孩子害怕面对挫折

如果一个人在行动之前就害怕挫败，总是想象失败，并且会把失败之后的结果想象得太过严重，把自己立于失败之地，那么，他就会把注意力过于集中到自己身上，就会阻碍自己潜能的发挥。比如，一个孩子在考试之前非常紧张，总是害怕考不好，越害怕越紧张，一紧张就不能集中精神，不能很好地发挥，自然也就不能取得好的成绩了。

每个人都渴望成功，但是父母也应该让孩子认识到，挫折是人生的常态，因此，在憧憬成功的同时，也要对失败做好打算。这样一来，孩子就能在鼓起勇气战胜挫折的同时，放平自己的心态；即使真的失败了，孩子也不会因此而害怕面对失败。

4.让孩子学会鼓励自己

当孩子遇到挫折或失败时，父母应该像知心朋友一样关心孩子，鼓励孩子或和孩子共同克服困难。比如，当孩子说“我不行”时，父母可以这样告诉他：“你在我心里是最棒的，只要你努力，我相信你一定可以！”父母的信任和鼓励，会给孩子带来前进的力量。

如果孩子觉得有些事情会让自己有挫败感，或是已经产生自我挫败感的时候，父母就应该教孩子运用自我鼓励的方法来矫正。父母可以教孩子用生活中的哲理或某些明智的思想来安慰自己，鼓励自己同忧虑和痛苦进行斗争。

比如，孩子在担心失败时，可以让他用“不入虎穴，焉得虎子”、“只要想成功，就一定能成功”等话语来激励自己；当孩子因为失败感到灰心时，可以让他用“挫折和失败能使人成熟”、“吃一堑，长一智”、“这次失败预示着下次的成功”等话语来让自己振作起来，并让自己从挫折和失败中总结经验和教训，更好地迎接下一次的挑战。此外，父母还可以教孩子运用他自己喜欢的伟人的思想来激励自己；名人格言、座右铭等也都有助于孩子调节意识，摆脱自我挫败的不良情绪。

教子心经

要提高孩子的逆商，父母就要让孩子认识到，失败不是事情的终点，而是暂时的不成功；只要不放弃努力，就一定能赢得成功。父母要引导孩子进行自我调整，帮助孩子摆脱自我挫败感，帮助孩子走出失败的阴影，让孩子体验到成功的喜悦。